U0630859

CHINA'S MOST INFLUENTIAL PUBLIC RELATIONS CASE STUDIES IN 2013

中国公共关系网（17PR）编委会◎编著

2013

最具公众影响力公共关系案例集

企业管理出版社
ENTERPRISE MANAGEMENT PUBLISHING HOUSE

图书在版编目（CIP）数据

2013 最具公众影响力公共关系案例集／中国公共关系网（17PR）编委会编著. —北京：企业管理出版社，2014.4

ISBN 978-7-5164-0775-2

Ⅰ．①2… Ⅱ．①中… Ⅲ．①公共关系学—案例 Ⅳ．①C912.3

中国版本图书馆 CIP 数据核字（2014）第 058535 号

书　　名：2013 最具公众影响力公共关系案例集

作　　者：中国公共关系网（17PR）编委会

选题策划：谢晓绚

责任编辑：程静涵

书　　号：ISBN 978-7-5164-0775-2

出版发行：企业管理出版社

地　　址：北京市海淀区紫竹院南路 17 号　　邮编：100048

网　　址：http：//www. emph. cn

电　　话：总编室（010）68701719　　发行部（010）68414644

　　　　　编辑部（010）68701661　　（010）68701891

电子信箱：emph003@ sina. cn

印　　刷：三河市南阳印刷有限公司

经　　销：新华书店

规　　格：170 毫米×240 毫米　16 开本　13 印张　233 千字

版　　次：2014 年 5 月第 1 版　2014 年 5 月第 1 次印刷

定　　价：35.00 元

版权所有 翻印必究·印装有误 负责调换

2013 最具公众影响力公共关系案例集编委会

名 誉 主 编：赵大力

主　　　编：银小冬

编审委员会：（按汉语拼音排序）

　　　　　　陈先红　孟　建　赛来西·阿不都拉

　　　　　　王　欢　叶茂康　张　云　钟育赣

编　　　委：（按汉语拼音排序）

　　　　　　曹　刚　陈经超　陈先红　丁晓东　范　红

　　　　　　金　英　兰珍珍　卢　荣　李志军　孟　建

　　　　　　赛来西·阿不都拉　　　王　欢　王晓辉

　　　　　　徐润东　叶茂康　杨丽萍　杨　晨　张　云

　　　　　　张　洁　钟育赣　张景云

前　言

　　历时 3 个月的策划与编写,《2013 最具公众影响力公共关系案例集》终于与读者见面了。本案例集由中国公共关系网(17PR)发起,在编辑过程中得到了中国国际公共关系协会领导、高校专家、业内资深人士的指导和帮助,案例集是对 2012 年至 2013 年期间中国公共关系领域涌现出的优秀案例的总结和梳理。大部分案例在 17PR 主办的最具公众影响力公共关系案例评选中获得了大奖。

　　随着经济市场环境的不断变化,公共关系的发展逐步成熟,优秀的公共关系案例不断增多,但由于案例的时效性,媒体的对外曝光机会等问题,没有使这些优秀的案例得到很好的传播。我们希望,通过此次案例的收集整理,能够展示中国公共关系市场的最新成果,同时也为业内提供一本与时俱进的公共关系案例范本,从而不断地推动中国公共关系行业职业化、专业化和规范化的发展。

　　本书收录了 2012 年至 2013 年期间中国公共关系领域的最新成果,涉及企业社会责任(CSR)、公关活动、社会化媒体应用、品牌传播等四大领域,囊括了联想、惠普、戴尔、佳能、宝马、梅赛德斯——奔驰、欧莱雅、宝洁、玫琳凯、BD 医疗、恒天然、快克药业等近 30 个国内外著名品牌。

　　在本书的编撰过程中,编委会还特别邀请了中国公共关系领域的权威学者、行业专家及案例负责人对收录的案例做了精彩点评和背后故事解读。因此,这本案例集具有较高的研究价值和借鉴作用。

　　感谢所有为本书的成功出版提供支持的行业人士和各界朋友,感谢所有为本书贡献智慧的各位专家和学者。我们坚信,一本优秀案例集的出版发行,对行业来说也是一种职业经验的沉淀和传承。希望这本凝聚了编委会全体成员辛勤劳动的智慧结晶,能够为中国公关行业发展贡献一份微薄之力。

　　怀着惴惴之心完成了整个的编辑工作,由于是第一次出版案例集,难免出现粗陋之错误,希望得到广大业界同仁的批评指正,以期做得更好。

中国公共关系网(17PR)总经理　银小冬

目录 CONTENTS

2013 最具公众影响力品牌传播案例

2013 最具公众影响力公关活动案例

a's Most Influential Public Relations Case Studies in 201

s Most Influential Public Relations Case Studies in 2013   China's Most Influential Public Relations Case Studies in 201

a's Most Influential Public Relations Case Studies in 201

2013 最具公众影响力十大公共关系案例

"关爱妇女，呵护健康" 女性节日特享健康关怀

执行时间：2013 年 3 月
企业名称：碧迪医疗器械（上海）有限公司
品牌名称：BD 中国
获奖情况：2013 最具公众影响力十大公共关系事件

项目背景：

宫颈癌是女性生殖系统最常见的恶性肿瘤之一，发病率仅次于乳腺癌，高居女性恶性肿瘤第二位。全世界每年约有 50 万新发宫颈癌患者，其中中国每年新

确诊的就有 13.5 万例。由于病因明确，宫颈癌是目前人类所有癌症中唯一病因明确、唯一可以通过早期预防和治疗消灭的癌症。宫颈癌是一个缓慢的进展过程，从宫颈感染人乳头癌病毒（HPV）到宫颈浸润癌一般须要 6 ~ 8 年的时间，如果在癌前病变时得到及时诊治，就能避免患上威胁生命的肿瘤。但因为宫颈癌早期无病症又普遍缺乏早筛意识，出现临床症状时 80% 患者已是浸润癌，非常的可惜。所以，树立早筛意识，定期到医院接受筛查，"防患于未然"尤为重要。随着科学技术的不断进步，目前广大医院专家推荐采用液基细胞 LCT（BD SurePath）检测，结合 HPV 检测，是国际上宫颈癌最佳早期检测方法。液基细胞的检测方法能克服传统巴氏涂片的局限性，有效解决涂片在细胞丢失、涂片质量差等原因下，造成的诊断不准确的问题，避免癌前病变的漏诊和误诊，癌前病变的检出率相比传统技术，能高出 64.4%，更准确地诊断出宫颈癌早期病变，有效降低宫颈癌的死亡率。

项目调研：

在一年一度的"三八"妇女节到来之际，BD 中国诊断系统妇女健康部在公

关部的支持下，与社会各界共推宫颈癌免费筛查公益活动，在全国各地开展了形式多样的宣传、教育、义诊和媒体公关活动。引起了医院专家、政府、社会大众、媒体和各阶层女性的关注与认同。

现代都市女性，生活节奏快，工作压力大，作息不规律，常常无暇关注自身的健康情况。作为女性健康的"第二大杀手"子宫颈癌，近年来在年轻女性中发生率有明显上升趋势，中国每年新发病例已占全球的近1/4。

项目策划：

在广州，由BD中国支持，世界健康基金会（Project HOPE）发起、广州越秀区妇联和城管局组织协调的，为200名环卫女工进行免费宫颈癌筛查的公益活动在广州中山大学附属第一医院热烈举行。来自新华社、搜狐、39健康网、羊城晚报、南方日报、广州日报、新快报、家庭医生在线等主流媒体，也应邀出席了媒体见面会并到筛查现场与环卫女工进行了交流。

在上海，由BD中国主办、上海外服协办、中信泰富物业参与的免费宫颈癌筛查活动，也在"三八"妇女节期间如火如荼地展开。本次活动主要面对公司白领女性，为近600名白领妇女们在上海红房子妇产科医院提供了免费的LCT（BD SurePath）宫颈癌液基细胞免费筛查体检，其中包括耐克、渣打银行、三星公司、暴雪软件、丰田集团、英联食品等财富500强企业的白领，以及BD上海办公室的女性员工们。部分上海的媒体老师，也同期应邀参与了宫颈癌筛查的体检，并表示每年的定期检测非常有必要，女性朋友都应该提高自我保护意识。

由中国癌症基金会主办，BD中国等爱心厂家协办的"为了姐妹们的健康与幸福"大型公益活动，在全国31家医院齐亮相。活动覆盖24个省市，共有千余名弱势群体妇女受益于这项活动。

在深圳，北京大学深圳医院与深圳市女医师协会联合承办该项活动，于深圳市坪山新区妇幼保健院举行。活动现场为100名外来打工与贫困妇女提供免费的宫颈癌及乳腺癌筛查服务，为她们送上一份节日的关怀。

项目执行：

在一年一度的"三八"妇女节到来之际，BD中国携手世界健康基金会（Project HOPE）、广州越秀区妇联和城管局、广州中山大学附属第一医院，共同推出"'关爱妇女，呵护健康'女性宫颈癌免费筛查"公益活动。本次活动共为200名环卫女工提供免费的宫颈癌筛查及诊断服务，为她们献上一份节日的关怀。

广州中山大学附属第一医院党委书记颜楚荣出席了当天的活动，并表示定期

的普查普治是防治疾病、提高健康状况的重要手段，尤其是像宫颈癌此类的妇科肿瘤疾病。广州中山大学附属第一医院妇产科副主任何勉教授告诉我们："近5年来，我院每年新收治的宫颈癌病人都在150例左右，而收治的需要住院的宫颈癌前期病变，主要是CIN3，包括宫颈原位癌的病人逐年增加，去年接近200例。当然，也有相当多的宫颈CIN病变只需在门诊进行处理就可以了，反映出筛查工作的推广能让更多没有症状的妇女在宫颈癌前病变阶段得以诊断和治疗"。世界健康基金会上海办公室高级行政经理顾淑萍女士表示："世界健康基金会在中国一直致力于关爱妇女健康，本次广州中山大学附属第一医院的公益活动也是我们与BD中国合作的'妇女健康宫颈癌预防项目'的重要内容之一。我们真心希望可以通过这些活动，帮助广大中国妇女增强自我保健意识，提高预防疾病知识，培养健康、文明、科学的生活方式。"

本次活动共有10位来自广州、深圳等城市的全国媒体出席，其中包括新华社、搜狐健康、39健康、羊城晚报、南方日报等。来自各地的媒体都对专家和BD中国的代表提出了感兴趣的问题，现场交流深入，气氛活跃。

项目评估：

截至2013年3月21日，共收集到10家参会媒体10篇报道，分别是新快报、南方日报、羊城晚报、39健康、家庭医生在线、搜狐、新华网、深圳商报、深圳特区报、广州日报。转载稿件超过47篇。

原发稿件及转载稿件广告价值总计人民币：381286元。

案例点评：

美国管理科学联合市场营销学会主席菲利普·科特勒曾经表示："一个伟大的公司必定是充满善意的公司，否则，它不可能获得长足发展。"所以，一个伟大的公司向世界营销的不是产品，而是价值观。由碧迪医疗器械（上海）有限公司组织实施的《"关爱妇女，呵护健康"女性节日特享健康关怀》这个公关案例，向人们传达了BD中国通过此次公益活动，用实际行动传达着企业"帮助人类健康生活"的价值理念，从活动效果反映出BD中国是一个创造更多社会价值的充满善意的品牌。

当下的人类面临着各种的危机和风险，其中，宫颈癌对女性而言是危险的灾难。然而，这种疾病也是所有癌症中唯一病因明确、唯一可以通过早期预防和治疗消灭的癌症。如果在癌前病变时得到及时诊治，就能避免患上威胁生命的肿瘤。所以，树立早筛意识，定期到医院接受筛查，"防患于未然"尤为重要。BD中国这次《"关爱妇女，呵护健康"女性节日特享健康关怀》的主题活动，就是把企业的善行义举通过相关受众的可触性的体验行为进行互动，很好的传达了企业的使命、愿景和价值观。

在活动的执行过程中，BD中国在选择的合作机构组织如世界健康基金和中国癌症基金会，都是非常正面而且充满责任感的公益组织，这样的合作在受众眼中更保证了其活动的质量。另外，参与免费检查的人群针对性很强，环卫女工、外来打工者与贫困妇女，他们工作辛苦，收入低，属于社会上较为弱势的群体，很能体现本次活动的公益性；同时参与的还有500强企业的白领，虽然活动的参与者是员工个体，但其实得到的效果是反馈在这几家500强企业方面，该类企业拥有较为完善的员工福利制度，员工会有定期的身体检查，同时该类企业自身也很注重企业形象，因此BD中国对这一参与人群的选择是很具有策略性的，两个有着相同处事方式加之可以互补的人往往能成为很好的伙伴，通过此次活动，BD中国可以开拓客户资源，得到更多高认可度从而提升自己的形象，而这些企业也可以开拓自己在BD中国的客户资源，互惠互利。

除此外，BD中国还很有"心机"地邀请了来自媒体的老师参加体验，让媒体以受众的形式参与活动，形成媒体体验的新闻反馈，比单纯的新闻发布会或者直接花钱请媒体报道来的更有效力。当然，内部传播这个重要的部分BD中国也没有遗忘，一个企业，首先要关爱自己的员工，才能更好的关爱他人，得到信任。总之，此次活动的全过程，BD中国充分整合了相关合作方资源，在信息分享和互动中，使合作方共同的充满责任感的价值观得到了很好的融合和传达，这也是整场活动的亮点所在。

善意的企业可以帮助自身获得消费者的支持，消费者可以通过活动体验转化为口碑评论方式与更多人共享产品的使用体验，帮助企业宣传品牌。公关是公益事业发展的基石，众多公益项目和受助人群的求助需求都是通过公关人的努力才得以向社会传递，才得以在公众参与下使受助对象得到扶助。因此，这个案例对公关从业者来讲是值得学习的范本。

点评专家：赛来西·阿不都拉
浙江大学城市学院公共关系研究中心主任、副教授

"好声音金志文，好幸福帅客人"
——郑州日产帅客巡展

执行时间： 2013 年 5 月至 2013 年 9 月

企业名称： 郑州日产汽车有限公司

品牌名称： 东风帅客

获奖情况： 2013 最具公众影响力十大公共关系事件

项目背景：

1. 行业背景："微客"市场下滑，消费者期待升级车型

"微客"作为最先进入中国基层消费者家庭的汽车产品，伴随着中国汽车行业，一起经历了属于自己的黄金十年。作为中国汽车消费市场的早期产品，微客具有便宜但是安全性、舒适性、燃油经济性都尚不成熟的特点。随着消费者对汽车产品品质要求越来越高，曾经一路狂飙的微客市场，不可避免地进入了下滑阶段，未来中国 800 万的微客车主将作何选择？谁能赢得他们新的青睐，或许是众多车企都在关注和思考的问题。

2. 项目初衷：精准传递产品信息，给微客消费者升级最佳选择

作为中国轻型商用车的领军企业，郑州日产敏锐地洞察到了微客升级这一细分化市场，并且迅速地推出了微客升级的最佳产品—CDV 车型帅客。帅客这一CDV 车型基于轿车底盘但是具有宽大箱式车身，比微客更舒适、更安全、更省油，同时也能满足微客消费者的商用、家用等多方面用车需求。但是如何使这款更符合目标消费者需求的产品知名度迅速得以提升，如何让目标消费者快速了解帅客对比微客的优势，就成为了策划此次巡展项目的初衷。

3. 项目亮点：轻型商用车领域内的突破性尝试

（1）项目策划层面：踏出了此领域企业主要依靠行业大宗客户达到销售目

的门槛，以及所采用的上门一对一等常规营销手段，转而面向众多的二、三、四线城市甚至是县乡城镇的普通消费群体，并策划了这些消费者喜闻乐见的活动与传播形式。

（2）活动策划层面：打破此领域常规，为了直观展示，直击消费者，采取整车解剖对比的方式，将帅客与高端微客的内部结构对比进行展示并用通俗易懂的语言将对比信息传递给受众。

（3）传播策划层面：明星娱乐营销＋搭载地方大型节庆盛事＋大公关体系建立。

明星娱乐营销结合地方大型节日盛事，迅速引发关注。中国好声音人气学员金志文加盟，其亲民顾家的形象与帅客气质完美契合，并依托"青岛国际啤酒节"等地方大型节日盛事，企业主动传播和节日盛事的官方传播，迅速引发大众关注。

建议大公关体系，公关传播平台结合地方广告宣传平台，实现项目信息的全国广度和地方深度的立体式传播；同时传统媒体平台结合新媒体平台（微博、微信、手机报）等，将项目信息灵活传递给目标消费者。

4. 策划要旨：确立直观亲民的营销策略，找准突破口，让目标消费者迅速了解帅客这一产品的特点和优势，从而成为他们更新换代的首选。

微客市场逐渐下滑的局面之下，郑州日产顺势推出帅客巡展活动，通过在同级别车型中具有开创性意义的整车解剖对比手段，将帅客的以轿车底盘、前置前驱为首的相对于微客的显著优点生动直观展现，让消费者看得明白，用得放心，将拥有高性价比的高级紧凑型商务车带到了消费者面前。

5. 问题及解决方案

微客市场进入下行通道，"微转乘"大势所趋，CDV 车型必将成为微客升级消费的最佳选择。但是有如下几个问题需要考虑。

（1）目标消费者工作繁忙，触媒有限，如何告知并吸引他们主动参与体验？

（2）面对知识层次普遍不高，对汽车知识缺乏深入了解的目标用户，如何让他们了解 CDV 车型"帅客"的产品优势？

（3）由于潜在用户对于产品价格极度敏感，如何打破价格壁垒，为"高出预期"的产品售价买单？

针对如上客观存在的问题，我们在开启巡展的策划途中给出了解决答案。

项目主题："好声音金志文，好幸福帅客人"——郑州日产帅客巡展

执行时间：2013 年 5 月～9 月

执行地域：山东济南、青岛

（1）与产品品牌契合度高的人气明星加盟：通过"好声音金志文，好幸福

帅客人"的概念组合，将明星关键词完美契合产品感受，体现郑州日产品牌的独特差异化与独特性，提高了帅客产品辨识度和记忆度。

（2）搭载地方大型节庆盛事：巡展搭载"青岛国际啤酒节"等地方节庆盛事，让更多普通消费者通过巡展了解了产品，传递了品牌概念，并搭载节庆本身的传播平台进行了有效传播。

（3）加入整车解剖对比环节直击竞品：打破传统用字面上的数据配置说产品优势的形式，通过现场解剖车的对比展示，以通俗易懂、看得见摸得着的事实贴近消费者，证明了产品优势。

（4）开启产品免费体验直击目标消费者：在提高参与热情同时，通过后续的"帅客天天乐"活动，让消费者有机会免费体验帅客，从而更直接地从消费者亲身体验影响消费者的购买意向。

项目调研：

1. 要旨：分析消费者与市场诉求，对症下药

我们在策划此项目之初，给自己提出了几个问题：我们在哪儿？我们去哪儿？我们为什么去？我们怎么去？

我们在哪儿——微客市场近几年连续呈现下滑态势，而CDV市场呈现出强劲生命力；我们拥有微客升级最佳选择的CDV车型，我们的成熟市场中也拥有微客保有大省。

我们去哪儿——将微客升级最佳选择帅客推广给广大有升级需求的微客车主

我们为什么去——在微客下滑和CDV增长的局面中，我们看到了他们的关联点，目标消费者对车型的安全性、空间性、舒适性和节油性等方面有了更多要求，因此我们将帅客带到了他们面前。

我们怎么去——采用目标消费者喜闻乐见的娱乐营销手段，通过亲民的巡展活动，搭载将实车进行剖析对比的平台去触及并触动目标消费者。

2. 市场环境分析

下滑的微客市场与增长的CDV市场：2013年1~3月份，微客市场累计销量48.2万台，累计同比增长－20.2%，2012年CDV市场容量达到55万，今年继续保持高速增长，增长率达79%。

消费者期待性能更加优良的微客升级产品：随着社会的进步和汽车市场的发展，人们对汽车认识加深，对舒适性、安全性等"硬件"要求越来越高，而不

再单纯是外观和价格。

3. 自身分析

对比微客性能超越价格接近的产品（帅客）：帅客采用前置前驱 B 级轿车底盘平台、日产的区域车身结构设计，在舒适性、安全性方面胜略微客一等，同时比微客有整体空间使用优势，并且帅客 1.5L 全能版拥有 6.38 万的超值价格，在性价比方面全面胜出。

CDV 保有量低，微客保有量大的重点市场（山东）：在郑州日产帅客车型的六大重点销售区域中，山东保有量较低，同时其微客保有量最大，因此郑州日产需要在这块市场多做功课，同时作为沿海省份，市场经济活跃度高，比较有发展潜力。

4. 项目分析

（1）制订周详的计划保证项目顺利落地。

专业工程师参与的解剖实操：专业工程师参与解说、试驾等环节的准备工作，保证了最终现场良好的展示效果。

随机应变的集客手段：通过前期超长公关加广宣手段预热期，到活动期间的现场多样化集客手段，包括道旗、海报、传单等，使现场活动人气与整体传播效果达到最优。

总部与区域联动的安保机制：通过活动前期与区域经销商以及其他第三方安保机构的联动合作，将现场安全风险降至最低。

（2）项目效果达成分析。

目标销售区域与人气并重的活动选址——济南万达广场与青岛国际啤酒节。

选择与项目契合度高的明星——中国好声音金志文。

制订多样化的公关与广宣策略与媒体选择策略，保证传播效果。

项目策划：

（1）要旨：构建公众认知金字塔，建立"大公关"概念。为了让消费者通过活动对帅客与微客的本质区别产生直观认识、最终形成直观有效的市场反应，并扩大活动影响力和产品品牌认知度，我们构建了建立公众认知的三级金字塔，通过全国广告、重点区域公关活动与区域体验下沉三个层级由高到低地全方位传递活动核心信息，并在公关活动层面建立"大公关"概念，第一通过邀请人气娱乐明星加盟助阵，第二在活动中加入解剖对比、免费体验环节，第三在公关传播中采取了公关、广宣手段严密配合，利用新媒体的影响力、媒体分层、分阶段全方位传递活动信息的传播方式，这三点共同作用让活动在区域、全国的影响力达到最大。

（2）目标：直击竞品直观传递产品卖点；形成直观有效的市场反应；将活动影响力和产品认知度最大化。

（3）策略：人气娱乐明星与产品形象完美融合；以实车剖析对比的形式将产品性能直观呈现；借活动开启消费者免费试用产品活动。

（4）目标公众：微客保有车主；个体商户及小型公司企业主；追求车型多功能的事业小成者。

（5）主要信息：①活动层面：明星效应＋区域影响力平台＋拆车展示＋免费体验全方位贴近消费者。②行业层面：打造轻型商用车娱乐营销成功典范，开辟移动巡展新模式。③市场层面：引领消费者理性购车理念掀小商务车市场波澜。

（6）传播策略：建立"大公关"概念，公关和广宣平台有效结合。

公关平台：多阶段、多层面全方位解读活动信息，巧妙结合明星与车型的高契合度。

广宣平台：选择目标受众接触率高的新媒介形式针对性传播。

（7）媒介选择：

公关平台：传统媒体、新媒体及社会化媒体、活动搭载平台自有媒体。

广宣平台：地方经销店店面广告，车贴、户外墙体广告，保有客户短信，大型贸易区的滚动 LED 广告屏幕、公交车站台广告、公交移动电视广告等。

项目执行：

（1）要旨：公关与活动的无缝对接，流程的精密策划。整个项目公关传播和活动在筹备期分线分别进行，除了定期举行全活动的沟通之外，也随时互动双方筹备进度和重要信息，保证整个活动筹备顺利进行；在活动期，活动前多次预演、调整，活动中根据突发情况随机应变，各个环节

无缝衔接、通力合作，保证了活动的顺利进行。

（2）执行区域：山东济南、山东青岛。

（3）各城市的定制化方案。

帅客巡展济南站（6月2日）：明星环节与巡展活动无缝对接和娱乐媒体活动信息有效露出。

帅客巡展青岛站（8月23日～24日）：将地方的民俗盛事——国际啤酒节与

巡展活动结合再加上啤酒节组委会媒体有效信息露出。

（4）项目流程与管控。

1）活动层面：

关键技术环节提前调研与演练：活动关键技术环节（拆车对比）与工程师进行多轮探讨，并对拆车展现形式进行周密设计，并提前多次演练。

互动环节的合理制订：各种互动环节让消费者在娱乐放松的同时，轻松接受到品牌信息，拉近了品牌与消费者之间的距离。

活动平台与场地的精准选择：甄选活动执行区域，考察活动场地，设计具体的活动形式。

应急预案的制订：制定应急备案，如大雨备案、集客备案等，保证活动现场万无一失。

2）公关传播层面：

各站差异化媒体选择：选择全国具有代表性以及当地口碑较好的各形式媒体，尽量做到无缝传播。

传播节奏的合理制订与把控：分预热、活动、后续深入阶段，把握每个时段重要信息点的传播，达到由浅入深，循序渐进的效果。

媒体采访的细分化安排：根据不同的传播切入点、对媒体进行分门别类采访安排，以达到最好的传播效果。

应急预案的制订：制定应急备案，如确认备用酒店、茶歇室等，保证媒体活动顺利进行。

项目评估：

1. 要旨：媒体与用户关注度飙升，市场反应良好

在2013帅客巡展最后一站青岛站落下帷幕后，通过百度指数分析，帅客月用户关注度增长37%，月媒体关注度增长126%，而郑州日产月媒体关注度增长228%，季度媒体关注度增长27%。活动现场据不完全统计，济南加青岛仅现场参与活动的受众累计超过2万人次，再加上前中后期的公关和广宣平台释放的信息，影响力进一步放大至山东其他区域和全国，最终表现在市场上，活动过后山东经销店的消费者进店量都达到全年峰值，潜移默化地影响着终端销售。

2. 效果综述

市场：移动巡展助力渠道下沉。

品牌：产品与企业品牌辨识度和记忆度增强。

行业：引领微客商转乘新趋势。

3. 现场效果

（1）济南站：

到场参观人数：总计1097人。

精准影响人数：有效反馈表填写人数全天448人。

影响人群数：按照1人获奖信息传递给家人朋友（按2人计算）当天各个区域共发放礼品2979件，共计人数为8937人次。

（2）青岛站：

到场参观人数：参观人数2天1226人。

精准影响人数：有效反馈表填写人数2天406人。

郑州日产杯全球饮酒大赛：现场约1万人（含舞台区流动人口），电视直播辐射6000万人次。

影响人群数：按照1人获奖信息传递给家人朋友（按2人计算）当天各个区域共发放礼品3271件，共计人数为9813人次。

4. 受众反应

反馈表数据统计表示，57%的人表示目前没有车，证明山东汽车市场仍然未达到饱和，市场潜力仍然巨大；近1/10的参与者是微面用户，表示活动信息已经到达微面用户，此活动可以影响到微面用户升级购车的选择；90%消费者表示听说过或者非常了解金志文，说明娱乐营销、明星加盟可以有效吸引消费者，提高活动的宣传力度，达到很好的集客效果；96%的消费者答对了帅客1.5L全能版的价格，证明帅客的口号"六万三千八买帅客，老婆满意，孩子高兴"比较深入人心，消费者已经充分了解帅客的高性价比；60%消费者在活动之后表示愿意继续关注帅客这款车，证明此次活动效果已经基本达到，大部分消费者已经对帅客对比微客升级版小商务的优势有了了解。

5. 市场反应

经过帅客齐鲁巡展活动，郑州日产山东各地4S店在活动月进店量环比增幅达33.5%至186.5%，而就全国销售表现来看，巡展前后（6－9月）郑州日产旗下CDV车型同比增长46.4%（其中帅客同比增长46.6%）。

6. 媒体统计

山东巡展共计与会媒体89人，活动前中后期共参与传媒的媒体近两百家。

（1）济南站：全国核心媒体及重点销售区域媒体和山东核心媒体到场共计43人，活动前中后期共参与传播的媒体近百家，包括《齐鲁晚报》等区域重点媒体、《经济观察报》等行业产经类媒体、《南方都市报》等重点区域媒体、《每日文娱播报》等影响力娱乐媒体以及《中国汽车报手机报》、企业与媒体官方微博等新媒体。

（2）青岛站：全国核心媒体及重点销售区域媒体和山东核心媒体到场共计46人，活动前中后期共参与传播的媒体近百家，包括《半岛都市报》等区域重点媒体、《每日经济新闻》等行业产经类媒体、《新京报》等重点区域媒体、CCTV 等啤酒节组委会合作的权威媒体以及《中国电信手机报》、企业与媒体官方微博等新媒体。

案例点评：

新产品上市是最具有挑战性的专题公关活动：一方面要检验前期的产品战略定位是否准确，另一方面又要检验后期的整合传播策略是否有效；一方面要有效区隔市场，凸显产品差异，另一方面又要影响目标消费者，即时集客，拉动销售；一方面要增强经销商的销售信心，另一方面又要获得地方政府的支持和帮助。因此这类活动最能够检验公关的专业性。尤其是针对微客升级版小商务车市场，要有效影响和打动二三级微客目标市场的消费者，更需要在"品"和"牌"两方面下功夫，在这个案例中，我们都看到了不俗的表现：

第一，该活动很好地传达了郑州日产帅客车的品牌个性，有效展现了帅客品牌文化。该活动通过邀请与产品品牌契合度高的人气明星金志文加盟，通过"好声音，好幸福，金志文，帅客人"的主题口号，很好地揭示了郑州日产帅客产品"自由自在，为幸福而来"的品牌个性和文化。

第二，该活动通过实车解剖方式进行现场整车解剖对比、免费试车等，让消费者直观感受郑州日产东风品牌 CDV 车型帅客的舒适、安全和大空间，以通俗易懂、看得见摸得着的事实贴近消费者，证明了产品优势，具有说服力和竞争力。

第三，该活动的时机选择、媒体传播策略以及"大公关"的理念都很好地完成了新产品上市所肩负的策略性使命。总之，这是一个集品牌亮相、产品告知、销售促进、顾客互动、社区公关为一体的一个综合性、战略性和时效性的公关活动。

点评专家：陈先红
华中科技大学新闻与信息传播学院副院长教授、博导

2013 快乐男声互动传播推广

执行时间：2013 年 5 月至 2013 年 10 月
企业名称：天娱传媒、传世酷营销
品牌名称：湖南卫视《2013 快乐男声》
获奖情况：2013 最具公众影响力十大公共关系事件

项目背景：

2004 年《超级女声》首开内地选秀节目先河，十年间，快乐女声、快乐男声（以下简称快男）交替举办，打造了芒果选秀的金漆招牌。2013 年湖南卫视和天娱传媒再次启动了 2013 快乐男声。传世酷营销作为快乐男声的整合营销全程合作伙伴，独立承接了快男项目的全媒体营销互动项目。

这次快男项目是快乐及超级系列选秀品牌诞生九年以来，首次交由第三方创意公司来负责全程节目营销，传世酷营销包揽了除电视屏幕以外的全媒体传播创意及执行、全网互动传播以及上亿粉丝的管理任务，突破常规的系列酷创意，激活了上亿年轻观众的观看与参与热情，重新定义了电视品牌化营销的理念与方法，对整个行业产生深远影响。

即使如此，这个项目依然面临着许多问题。

（1）如何突破品牌疲倦度：快男选到第三届，必须做出新意，展现 90 后受众崇拜的个性魅力，塑造新一届快男的新颖性。

（2）选秀节目同质化：同是素人唱歌、汰弱留强，如何在众多选秀节目中突围而出，快男需要离经叛道的创意和真实到底的诚意。

（3）网络技术：要做到全媒体传播、全网真实互动，必须动用广告、游戏设计、影视制作、互动技术上的新尝试。在低预算前提下，怎样解决技术问题实现全民互动。

同时，此次推广活动包括了北京、杭州、广州、长沙、成都、西安六大赛区、香港赛区，并辐射全国重点城市。

项目调研：

（1）优势与劣势：2013年是湖南卫视选秀的第十个年头，忠实的观众是芒果选秀的品牌优势。湖南卫视有每一年都能制作多档优秀综艺节目的团队实力，领先全国的音响灯光舞美，联合举办快男的天娱传媒拥有雄厚造星功力，这些都是快乐男声的质量优势。2013年也是内地电视歌唱选秀节目泛滥的一年，单是同一季度，快乐男声就面临《中国梦之声》、《中国好声音第二季》、《我的中国星》、《中国星力量》、《最美和声》等对手的竞争。这些空群而出的节目财雄势大、大多买了外国节目版权。其中《中国好声音》因为创意和缺乏对手，在去年一枝独秀，今年挟着好口碑和大量忠实粉丝再度回归，是快乐男声的最大对手。

（2）项目可行性分析：对手好声音的选手大多唱功娴熟，有一定演唱经验，经过一定包装，初登台就容易出彩。这令前期竞争中快男容易显得实力落后。怎样在竞争中为快男塑造个性、用诚意和创意破局，加强传播的广度和深度，是传世酷营销亟须解决的。传世酷营销此前在互动领域拥有很多的探索，主要集中在社会化媒体和新兴的自媒体。经过分析，要在一次互动创意或传播就把对手赶出90后市场是不现实的，但通过项目要尽可能收获更多掌声，在低投入下获得最大程度的传播，争取受众好感度上升。

项目策划：

1. 项目目标

（1）海选阶段：制造、炒作系列话题宣告快男要海选了，宣传快男评委、呼吁选手报名。

（2）节目首播阶段：增加快男曝光率，让快男"真唱＋直播"形象深入民心，尽可能降低对手在受众心中形象高度。配合赛程进行内容扩展包装，发掘话题炒作，让电视播出时间吃亏的快男，热点在网络上流传得更广更久一些。组建全国快男粉丝组织。

（3）节目播出期间：随着赛事进入高潮，推动网络舆论讨论赛果、引起争议，加强快男传播影响。管理全国快男粉丝团，有规律、大规模地进行快男内容的网络传播活动，推高快男话题热度。

2. 目标公众

以90后、00后为主目标受众，以他们为起点覆盖全民大众。

3. 传播策略

传世酷决心就快男项目实现网络的真实互动，所有的内容、活动发布都以得到真实受众回应、反馈为目标。粉丝团的管理除了推进信息传播以外，这些真实的受众能带来水军所不能达到的传播广度和深度。

4. 媒介选择

由于事前缺乏宣传，赛季一开始快男的知情率并不高，传世酷营销选用了传统媒体和网络媒体并用的方式。赛事开始进入白热化时，瞬息万变、几何级数发散的网媒、社交媒体、自媒体成为传播的主战场，例如新浪微博、微信、百度贴吧、YY 语音、QQ 空间、天涯论坛等，统统是门槛低、受众广的传播平台，达到高密度的传播效果。内容可分为病毒音乐、病毒文案、病毒视频、病毒话题、互动游戏、现场活动、管理粉丝。

项目执行：

（1）"干掉无趣"：6 月底首播前，传世酷营销出台"干掉无趣"爆笑预热视频，铺天盖地的各类"干掉无趣"互动推广占领了几乎所有社交媒体，一小段搞笑视频、一句简单的歌词"快乐男声，想唱就唱，听我的"，引起网民大量转发吐槽、模仿跟进。在主流门户新闻网站还没反应、爆料量极少的情况下，社会化媒体已经"燃起来"了。

（2）三大游戏：传世酷营销为快男设计了 3 大互动游戏"改头换面做自己"、"快男超级任务"和"快男点唱机"，这三款游戏都很接地气且与节目有深度的融合，喜欢哪个快男一目了然，能够支持到偶像、与之互动是最大的吸引点。

（3）组建管理全国粉丝团：传世酷营销在快男一役中，团结经营起全国电视史上最大的粉丝团，其中包括 66 位快男选手各自的粉丝组织。这些比水军更强大的媒体，为快男的话题传播提供了坚实的后盾，每期节目，粉丝都会主动地为自己喜欢的偶像刷微博刷帖，直接或间接的提升了快男的整体的认知度和影响力，让快男成为这个夏天全城讨论的热点。

（4）线下商业活动：

网络传播渠道的管理（微信、微博、百度贴吧、YY 语音、QQ 群、Qzone）。

直播现场话题传播管理（金句、即时性海报、即时性微博、即时性视频）。

线下宣传渠道的执行与控制（发布会、招商会、海选现场）。

粉丝管理（热门选手粉丝、落选选手粉丝、评委粉丝）。

项目评估：

1. 受众反应

比赛海选报名前，受众对 2013 快乐男声的印象除了芒果选秀之外，对本届快男的认知可谓零。传世酷营销通过一系列的炒作引导话题，让快乐男声的"性格"——真实好玩，深植人心。

随着比赛的进行，选手的特质呈现、唱功的成长蜕变引发了大家的喜爱、站队心理，传世酷营销通过深入粉丝团和各大社会化媒体，对舆论进行了引导，让黑评成为沉默的螺旋。

比赛后期，随着粉丝团的发展壮大，快男的口碑和话题热度已超越对手，常常在微博热门话题排行榜上占据前列，在水军势力

微弱的地盘——百度贴吧，快男的一座座"十万大楼"让对手无法望其项背。

2. 市场反应

赛事前期，一般受众大多存在"好声音歌唱实力完胜快男"的印象，而快男一群不加雕琢原生态的傻小伙，却能在一集集的真实反应、真实歌声和努力成长中，让观众真的感动。著名选秀节目《美国偶像》的资深评委宝拉·阿巴杜，在新浪微博和 twitter 上都曾对本届快男华晨宇的表演表示喜爱和力挺，可见本届快男在社会化媒体辐射范围之广。

3. 数据统计

（1）今年暑期综艺节目横向比较，《快乐男声》截止至统计日全网播放量已经达到 5.96 亿次，领先于《中国好声音》的 5.46 亿和《中国梦之声》的 5.26 亿，是同期全国综艺节目第一。

（2）传世酷营销在快男项目中，制作长微博、图文微博等，总转发量超过766 万，总评论超过 3224 万，超过 26 亿阅读量；微信信息通过朋友圈传播，转发率为 10%，传播覆盖量总数约为 7700 万用户；制作视频被各大视频网转载，总点击播放次数超过 5400 万。

（3）传世酷营销推出三大互动游戏，后台获取总浏览量达 2270 万次，独立IP 达到 910 万人次。

（4）传世酷管理下快男全国粉丝团人数超过 600 万。

（5）节目开播以来，总共组织粉丝发动超过 30 次活动，包括热门话题榜、YY 投票等，屡屡刷新热门话题榜记录，涉及粉丝总量达到 1.5 亿次，

（6）项目估算投资千人成本为 0.0000021 元，远低于市场平均水平。

案例点评：

2013 年《快乐男声》，是湖南卫视继 2007、2010 年后举办的第三届快男。在 2013 年国内唱歌选秀节目同质化非常严重的大环境下，如何利用湖南卫视强大的品牌背书及资源优势，塑造快男独特的品牌个性，从众多选秀节目中突围是本案需解决的重点问题。

为同《中国好声音》等竞争对手作以区隔，传世酷营销将本案的目标受众定为 90 后、00 后群体，以他们为起点覆盖全民大众。但现如今的 90 后、00 后一代是有思想有态度的，对事物有自己独到的判断鉴别能力，如何用诚意和创意去俘获他们也正是本案的亮点所在：①真实为王。摒弃传统选秀节目"卖故事"、"赚眼泪"的陋习，快男节目以"真唱+直播"的形式出现，使其"真实"的形象深入人心，而在网络互动一块，所有的内容、活动发布都以得到真实受众回应、反馈为目标，以实现网络的真实互动。②确定"社交媒体+自媒体"为传播主战场，以低投入获得大产出。新浪微博、微信、百度贴吧、YY 语音、QQ 空间、天涯论坛等，都是目标受众的网络聚集地，同时也是门槛低、受众广的传播平台，与节目有关的病毒音乐、病毒视频、话题、互动游戏等在这些平台上传播，能达到高密度，精准传播的效果。③趣味互动，引发传播狂潮。"干掉无趣"预热视频及互动推广在快男首播前就快速点燃了社交媒体，引发网民转发模仿；而"改头换面做自己"、"快男超级任务"和"快男点唱机"三款互动游戏与节目深度融合，大大提高了节目的趣味性与观众的参与度。④组建并管理全国粉丝团，为话题传播提供结实后盾。粉丝团这一组织有着比水军更为强大的传播能力，管理全国快男粉丝团，有规律、大规模地进行快男内容的网络传播活动，能推高快男话题热度。

准确的目标市场定位，成功的传播策略制定，有诚意且有创意的内容制作，精准高效的传播渠道选择等使得 2013 年快乐男声取得前所未有的传播效果。快乐男声真实好玩的性格深入人心，全网播放量达到 5.96 亿次，领先于《中国好声音》和《中国梦之声》，同期全国综艺节目第一实至名归。

点评专家：陈经超
厦门大学新闻传播学院助理教授
厦门大学品牌与广告研究所副所长

百事"把乐带回家2013"公关宣传案例

执行时间： 2012 年 11 月至 2013 年 2 月
企业名称： 百事中国
品牌名称： 百事（中国）
获奖情况： 2013 最具公众影响力十大公共关系事件

项目背景：

百事公司是全球最大的食品和饮料公司之一，自从进入中国市场 30 多年来始终致力于植根中国文化，将百事精神源源不断融入中国消费者的生活中。

2012 年春节之际，百事集团就曾斥巨资打造以"春节回家"为主题的贺岁微电影《把乐带回家》，以契合中国百姓"春节回家团圆"愿望的角度入手，充分利用百事明星资源，借明星之口讲述"回家过年"的亲情故事，通过温暖人心的故事呼唤全天下的儿女能够在春节来临之际"把乐带回家"，与父母共享天伦。明星的强大号召力，加上富于感染力的亲情故事，引发消费者共鸣，广受各界好评及认同。

2013 年末，百事集团再度联合旗下百事可乐、美年达、纯果乐和乐事四大品牌倾力打造百事《把乐带回家 2013》微电影，不仅将明星演员的阵容再度升级，更在 2012 版"春节回家"主题上进一步挖掘深度，将家人之间的亲情之爱升华为陌生人之间互帮互助，传递"有爱的地方便是家"的大爱温暖主题。在该微电影拍摄过程中，竟上演了一出电影和现实交错的惊险故事：正当古天乐、罗志祥、林志颖、蔡依林、韩庚、杨幂、快乐家族、霍思燕等 15 位巨星聚集一堂，携大队人马开往拍摄地长白山时，却遭遇百年难遇的特大暴风雪，大雪封山、冰霜封路、航班取消，百多人的拍摄团队被迫滞留长春长达一周之久。导演及剧组被困长白山、明星及工作人员全体滞留长春，随着时间的推移，明星们的档期已所剩无几，作为《把乐带回家》项目整体公关宣传计划制定者的乐智公关，又将如何把控全国媒体舆论导向，传播"有爱的地方就是家"的大爱温暖主题，再现 2012 版《把乐带回家》的辉煌？

项目调研：

"春节回家"几乎是所有中国人都最关心的话题，轰轰烈烈的春运总能占据最多的媒体版面，成为几乎所有人议论的焦点。中国的"春运"已经刷新了世界人口的新迁徙记录——火车、汽车、摩托车，尽管交通工具各异，但目标几乎一致——春节回家团圆。据统计，中国每年春运的 40 天时间里，都会有超过 30 亿人次出行。这场全球最大规模的人口流动不仅承载着中国人春节团聚的期盼，在春运这个浩大的人口迁徙数字之下，更体现了每一个中国老百姓对家的渴望。而 30 亿人集体回家的道路又是充满了无数的艰难与坎坷：网络上关于春节买票难、挤车难、没钱回家难、没男友回家难、加班回家难、天气问题回家难等，各种各样的"回家难"故事引发无数人的共鸣。"回家"是全社会的话题，而"回家难"则成为牵动所有人心情的话题。因为回不去家多少人失声痛哭，因为回不去家多少人都不得不面对一个孤单、失落的春节。

人都有猎奇心理，老百姓原本就对明星们的隐私生活充满好奇，而当这些平日里衣着光鲜靓丽的明星也遭遇到"回家难"的问题时，他们的应变能力及处理方式，也将成为吸引目光的焦点。尤其是，当十多位大牌明星聚集一堂准备拍摄"回家难"的微电影，而剧本中的雪灾场景却突然真实发生时，这些明星们的一举一动着实牵动人心。

项目策划：

1. **公关目标**

"回家"是全中国人的信念，而每一个中国人个体的坎坷回家路都是整个社会的缩影。由此，百事决定从"想回家"、"回家难"这个全社会共同关心的话题中寻找突破，用打动人心的正能量来激励、鼓舞所有具有"回家"梦想的人。百事直击"回家"话题，将百事公司始终倡导的大爱正能量与无数中国人的回家渴望交织在一起。将百事的企业责任、社会责任通过"把乐带回家 2013"项目全盘展现给所有中国消费者。百事希望与消费者产生更深刻的互动与情感联系，用百事精神鼓励更多人，也希望由更多社会正能量来共同诠释、丰富百事"把乐带回家"的内涵。

2. 公关策略

百事公司联合旗下百事可乐、美年达、纯果乐、乐事四大品牌，携手掀起一场有关"信、望、爱"的风潮，引发全社会大爱接力，将"把乐带回家"的精神持续传递。"把乐带回家2013"不单是一家人亲情的呈现，更是全社会的温暖正能量。"家"，不单单是小家，更是全社会这个大家。百事"把乐带回家2013"的主题将进一步升华，从个体到全体，从小家到大家，倡导全社会守望相助，让所有人的春节回家之路走的更顺畅，共同"把乐带回家"。

为能让"把乐带回家2013"的大爱主题更深入人心，百事在2012《把乐带回家》微电影的基础上全面升级开拍《把乐带回家2013》微电影，用明星效应、娱乐话题、新颖手法来大力传播正能量主题。联手古天乐、罗志祥、林志颖、蔡依林、韩庚、杨幂、快乐家族、霍思燕等15位巨星共同来讲述感人的"回家"故事；并在明星遭遇大雪封路被困之际，实时报道明星与陌生人之间相互救助的大爱故事，借用明星的号召力，全方位诠释"把乐带回家"的故事，引领正能量风潮。

在明星传达"把乐带回家"精神意义的同时，百事联合中国扶贫基金会和天猫商城，发起《蓝色心愿——2013温暖回家》公益项目，帮助千位难以回家的普通人温暖回家。同时百事也不遗余力资助中国妇女联合基金会旗下的"母亲邮包"公益项目。在春节之际，将百事"把乐带回家"的温暖情怀播撒给更多需要帮助与关心的群体，以实际行动实践品牌所倡导的小家变大家，全社会守望相助的精神。

3. 目标公众

所有对"回家"具有渴望的中国人。

4. 主要信息

"小家成就大家，有爱的地方便是家，把乐带回家。"直击"回家"话题，由明星讲述"回家过年"的亲情故事，引发消费者共鸣，打造"把乐带回家"风潮。

充分利用明星效应以及娱乐话题，激发消费者对2013百事《把乐带回家2013》微电影的期待。

5. 传播策略

以《把乐带回家2013》微电影为核心宣传，结合明星资源、娱乐话题、雪灾事件，通过前期预热埋线、微电影拍摄花絮炒作、明星亲身故事与微电影故事交织宣传、网络舆论热议、主题曲先期炒作、微电影首映发布会、微电影全媒体平台传播等手段进行整合推广。

6. 媒介选择

先期配合品牌"把乐带回家"的大爱主题，针对目标消费群习惯，在主流平面和电视媒体、网络媒体、视频媒体等展开宣传。后期再由中国好声音学员为《把乐带回家2013》全新演绎的经典名曲《相亲相爱2013》，通过网络、电视、电台等进行打榜宣传，通过音乐类电波媒体这一特定媒体在网络上进行全程覆盖。通过立体式的各类媒体交错运用及覆盖，结合不同的公关话题事件，选择侧重媒体进行宣传，为《把乐带回家2013》打造一个360度全方位的公关宣传平台。

项目执行：

第一阶段：百事延续2012"回家"主题，众星加盟《把乐带回家2013》全面升级。

以"群星加盟把乐带回家微电影"作为话题，寻找不同娱乐爆点进行报道，先期引发受众对于微电影的好奇与期待，并为下一阶段的报道预热埋线。

在微电影拍摄前期，对相关艺人进行大量资料信息收集后，整理出针对不同艺人的采访提纲，同时对花絮的话题炒作进行设定，将明星与微电影紧密捆绑。

第二阶段：全民关注明星坎坷"回家"经历，引爆《把乐带回家2013》火热期待。

对微电影拍摄进行全程跟踪记录，及时报道拍摄中发生的花絮故事。在拍摄《把乐带回家2013》微电影时，全剧组在长白山遭遇到百年难遇的特大暴风雪，大雪封山、冰雪封路、航班取消，百多人的拍摄团队被迫滞留长春长达一周之久。导演及剧组被困长白山、明星及工作人员全体滞留长春。面对突如其来的困难，及时调整公关宣传节奏，将明星们在拍摄"把乐带回家"期间所发生的感人故事记录、整理、挖掘出具有新闻价值的内容，并持续报道。

用明星们在拍摄《把乐带回家2013》过程中，守望相助，共同克服困难，不是家人胜似家人的真实故事作为宣传素材，贴近百事微电影的大爱主题，用真实的明星故事与微电影故事交织宣传，使得"把乐带回家"的公关宣传主题更具感染力与说服力，也完美地诠释了"小家成就大家，有爱的地方便是家，把乐带回家"的核心信息。

在网络社交媒体掀起话题风潮，结合明星效应参与话题，在岁末年初的"回家季"引发公众对家的渴望和共鸣。运用多形式、即时互动的新媒体，引导网友和公众利用视频、图片、文字等多种形式传播"把乐带回家"的大爱主题。

第三阶段：好声音学员"相亲相爱"唱响《把乐带回家2013》温暖心声。

在《把乐带回家2013》正片首映之前，抢先曝光主题曲《相亲相爱》。这首由伊能静、陶晶莹、姜育恒、温兆伦等歌手于1995年合作推出的老歌曾经温暖过一代人的心灵。而百事决定将这首充满正能量的歌曲重新包装，为《把乐带回家2013》注入一股暖流。

当时，第一届《中国好声音》刚刚鸣枪收兵，百事借力节目后期的大热人气，邀请好声音人气学员金志文操刀改编，黄鹤、郑虹、大山、李维真、佳宁组合、黄克等十位好声音家族成员共同献唱。这也促使该支主题曲成为了好声音家族在赛季结束后的首度合作呈献给大众的作品，颇受公众关注。

这首全新版本的《相亲相爱》除了带来耳目一新的音乐感受外，更与百事《把乐带回家2013》"家人"主题的故事情节深度契合，令参演该片的众明星们在剧情和主题曲的双重感染下，纷纷打开心扉，畅谈自己真实的"家人"故事。

利用电台、电视、网络等渠道播放这首感人的主题曲，借而对即将首映的《把乐带回家2013》进行造势宣传。

同时针对主题曲的幕后故事、好声音学员的深情演绎、好声音学员及明星们对歌曲的感受等话题进行全面的报道，将百事"把乐带回家"的主题通过这首《相亲相爱》的主题歌持续传递给受众，为后续《把乐带回家2013》微电影的上映进行情感上的铺垫。

第四阶段：《把乐带回家2013》首映发布会百事携手众星倾情呈现大爱精神。

聚焦百事"把乐带回家2013"微电影及"有爱的地方就是家"主题。在北京举行百事《把乐带回家2013》首映发布会。现场邀请明星现身讲述"把乐带回家"的大爱故事，分享各自对于守望相助，不是家人胜似家人的情感的理解，紧扣主题，以明星号召力进一步诠释百事"把乐带回家"的精神。

发布会现场，百事公司与民政部、中国扶贫基金会领导共同启动"蓝色心愿——2013温暖回家公益项目"，帮助"回家难"的朋友们能顺利回家。百事承诺为千人送上"蓝色火车票"，送他们温暖回家。同时，百事也向中国妇女发展基金会的"母亲邮包"项目捐赠2013份邮包，为更多需要帮助的母亲送去"把乐带回家"的温暖祝福。

利用网络、平面、电视等多平台媒体对首映礼进行报道，完美呈现《把乐带回家2013》微电影以及百事所表达的"把乐带回家"，帮助素不相识的人，小家成就大家，守望相助温暖回家的精神。

发布会后持续通过网络视频媒体、电视媒体对《把乐带回家2013》进行持续传播，让更多受众观看到这一感人的微电影内容。并借助微信、微博等新媒体平台收集网友影评、热议评论等，从中择取网络话题进行二次传播。

第五阶段：快乐家族大本营秀"把乐带回家"手势，持续传递大爱真情。

随后，百事再度重推原创"把乐带回家"手势，深度解析家人理念，并借力快乐家族在内地第一高收视娱乐节目《快乐大本营》中予以推广。作为参演《把乐带回家 2013》的明星之一，快乐家族在剧里剧外都很好地诠释着"把乐带回家"的精神。快乐家族在所主持的《快乐大本营》节目中，以自己五个人因在生活中、工作中的互助，由陌生人变为亲如一家的亲人的故事，激励所有的粉丝、观众向陌生人敞开心扉，帮助身边需要帮助的人；在真情故事的情感高潮中，快乐家族五人合体共同展示巨型"把乐带回家"的手势，既力证五人深厚友情，也以实际行动将"不是家人胜似家人"的真情持续传递。

快乐家族在《快乐大本营》中的倾情呈现，为百事《把乐带回家 2013》微电影进行了持续的推广，同时也很好地诠释出"把乐带回家"的精神。借由快乐家族的号召力，百事"把乐带回家 2013"项目在后续得到了持续、深入的延续性传播。

项目评估：

1. 效果综述

百事"把乐带回家 2013"项目，顺应全民关注的"回家"话题，并成功抓住"回家难"这样一种"全民情绪"创作微电影《把乐带回家 2013》。以此作为核心宣传点，传递百事所倡导的"小家成就大家，有爱的地方便是家，把乐带回家"正能量，这可谓是一次"接地气"的公关宣传行动。不仅收获了百事忠实消费者们的关注，更引起全社会更广泛的关注，获得所有具有"回家"渴望的人们的共鸣，更倡导一种守望相助的社会正能量，成功彰显百事公司的企业文化与社会责任感。

2. 现场效果

2013 年 1 月 21 日下午，百事"把乐带回家 2013"新闻发布会在北京万达影院隆重举行。发布会当日，韩庚、霍思燕、快乐家族、林志颖、张晨光、邓宁及一系列新生代演员亲临现场，于现场温馨讲述微电影拍摄中的精彩片段；发布会以潘多拉技术的梦幻形式创意开场，播出一段特别版《相亲相爱》MV 渐而引出今年"有爱的地方便是家"的大爱精神，韩庚、霍思燕、快乐家族、林志颖在发布会现场纷纷讲述自己对于《把乐带回家 2013》的理解，各位明星更首度敞开心扉，分享自己不为人知的"大爱"故事，使发布会现场紧扣主题。同时，百事集团与妇女发展基金会共同启动"蓝色心愿，母亲邮包"公益活动，共同实现百事年度盛事——"把乐带回家！"当天，百事"把乐带回家2013"新闻发布会共接待全国媒体57家。邀请并接待驻京媒体52家，其中包括通讯社2家，平面媒体25家，网络媒体13家，电视媒体17家；异地邀请主流平面媒体5家；到场媒体总人数共计约92人，媒体到场率高达98.3%。

3. 受众反应

百事《把乐带回家2013》微电影获得了极大的成功，网络视频点击量超过3亿次（土豆网2.6亿、腾讯视频336万、搜狐视频589万、爱奇艺368万）；

在搜索引擎网站上关键字"把乐带回家"被网友热搜，仅百度搜索结果已高达171万个，谷歌搜索结果也超过11500万个，从online到offline都在疯狂讨论"把乐带回家"；微电影预热至正式上线，网友在微博、微信等主要社交网络平台上热烈讨论，微电影中传达的团圆大爱情感引起公众的共鸣，掀起了全民"把乐带回家"的温馨浪潮。

4. 市场反应

《把乐带回家2013》自热映之后引起极大关注，在新年来临之际，各地也自发地为新年夜不能归家的人们准备了"把乐带回家"的温暖行动，为路政建设者送联欢晚会下乡、在各个加油站为赶路者准备年夜饭等。因为其公益活动受到广泛关注，百事集团还得到了"2012年度社会公益创新奖"。

5. 媒体统计

自2012年12月至2013年3月期间，相关百事"把乐带回家2013"的报道总计1218篇，其中包括在中央通讯社及主流平面媒体收获报道共计104篇（其中超出1/4版面的专题报道共计37篇，占到总发稿量的35%），网络报道共计106篇，电视媒体报道共计66篇（总计时长约292分钟），网络转载942篇，媒体总价值超8000万元，媒体转载率高达438%。

亲历者说：陈曦，上海乐智企划总监

从2012年至今，每年都要和百事一起走过一段"回家的路"。很多人都羡慕我能够在每年岁末的时候参与《把乐带回家》这场明星盛宴，但其实对我来说，除去十多位天王巨星交相辉映的璀璨星光外，我收获更多的还是感动与感悟。

2012年的《把乐带回家》为了呈现纯粹民风与古朴的建筑风格，所以选在北京远郊一个不为人知的小村落进行拍摄。就在大部队集结开赴拍摄地的当天，我却因为飞机航班误点而没有赶上集合时间，最后在亲朋好友、公司同事、靠谱司机等多方面人员的协力帮助下，终于花费了 8 个多小时的时间找到了那个小村庄。没想到的是，在我踏进拍摄场地时，第一个前来迎接我的竟是张国立老师。他焦急地对我说："姑娘，可算找来了呀，这地方很偏僻，很多北京司机都不认识这里。之后的车有着落了吗？要不要坐我们团队的车一起走？"当时我因舟车劳顿的心灰意冷，都因这句话而消失殆尽。

2012 年的《把乐带回家》因剧情的细腻、群星演技的精湛而看哭了很多人，其中包括我，也包括自称看了十多遍的罗志祥。因此，当《把乐带回家 2013》进入正式筹备期时，所有人都赞同将这份小爱全面升级，来诠释陌生人之间互帮互助的大爱温情。这一年的取景地定在中国著名风景区长白山，剧情主要讲述的是一群素昧平生的人们，因在春节回家途中遭遇暴雪道路塌方而被困雪山，共同守望相助、彼此扶持，将临时避难所变成温情十足的大家庭，与患难与共的"家人"共度除夕的故事。但谁也没想到的是，就在开机之际，长白山地区遭遇了百年一遇的暴风雪，剧本中的各种困境全在现实生活中真实上演，15 位明星从各地赶到长春，却都因为暴雪封路而进不了长白山。原本的拍摄计划被全部打乱，剧组只能滞留长春。当时临近年末，组内所有当红明星们的工作行程全数满档，多日的滞留必然会影响后续的工作安排，但当时却没有一位明星要求退出，经纪人们更纷纷调整档期，尽最大努力配合百事贺岁片《把乐带回家 2013》的拍摄。在滞留的日子里，明星们每天都做足各种尝试，往往天一亮就去机场守着，只为能在机场恢复通航后可以立刻搭乘飞机上山，但纵使如此，长白山机场的连日关闭依然使开拍日期变得遥遥无期。眼见乘坐飞机抵达长白山机会渺茫，众明星们决定尝试坐车由高速公路再转山路的方式冒险上山，拥有专业车手资质的林志颖还特意向司机传授自己雪地开车的经验，但最终还是因山路冰封严重、行车太过危险而作罢。

虽然剩下的时间已无法按原剧情完成拍摄，但是这些都没有阻挡大家的脚步，反而众志成城的想尽一切办法把这部微电影拍好，只为了传递出温暖的正能量。林志颖和罗志祥经常分享两人合作拍摄的搞笑视频；而快乐家族则干脆将《快乐大本营》搬来现场，以一系列活跃有趣的游戏来活跃气氛……用罗志祥的话来说，虽然被雪困住了，但是可以和那么多人聚在一起，也是很快乐的事情。平时大家都很忙，难得可以一起聚餐、分享彼此的喜悦；如果把这些片段拍下来，其实也是另一种形式的"把乐带回家"。

案例点评：
品牌如何与消费者建立情感联系？如何让受众的"体验时刻"转换为"需

求时刻"，促成购买机会？数据显示，受众看完一段产品视频后，其购买该产品的可能性会增加85%。近年来，用新浪潮式的电影语言去传达抽象的品牌理念，塑造品牌形象，推广品牌最新产品等，成为品牌塑造和传播的一项最新鲜热门的营销利器。

"品牌+微电影"，以丰富多元的叙事方式，讲述一个微缩版的爱情故事，或者一部时尚生活的纪录片，或者极具想象力的历史穿越剧，短短的三五分钟，浓缩的不仅仅是故事人物的传奇人生，更是品牌所欲传达的精神力量和文化内涵，生动的情节性、强烈的故事性，有效弥补了冷冰冰的抽象的品牌理念，可以在顷刻之间入心入脑，使得品牌鲜活生动起来。这样的传播效果在2013百事春节微电影得到了充分的体现。

具体来说，2013版百事微电影，具有"大、星、乐、深"几大特点：

（1）用"大"故事衬托百事大品牌。微电影作品与品牌调性之间高度吻合，百事微电影不仅将故事情节放置在一个"回家过年"的宏大的社会背景之下，更在2012版"春节回家"主题上进一步挖掘深度，将家人之间的亲情之爱升华为陌生人之间互帮互助，传递"有爱的地方便是家"的大爱温暖主题。不仅仅鲜活了百事品牌个性，更为百事品牌的社会责任感持续注入正能量。

（2）用"星"故事讲述百事新生活。百事可乐充分发挥明星代言的资源优势，交错运用诸多明星在电影和现实生活中的雪灾惊险故事，传递大爱主题，有效地覆盖到目标用户群的现实生活。

（3）用"乐"文化销售乐产品。联合旗下百事可乐、美年达、纯果乐和乐事四大品牌倾力推广百事"乐"文化，一语双关、淋漓尽致地展现了百事诸多产品的物质、精神和情感功能。

（4）用"微"电影进行"深"传播。五个阶段分别把"大爱主题"、"明星坎坷回家路"、"相亲相爱"主题曲、首映发布会以及"把乐带回家"手势等一系列关键信息，进行了360°深度传播和解读，其上下游的全过程传播策略深入人心、卓有成效。

总之，2013百事品牌微电影传播，不仅仅是一次节日营销，也不仅仅是一个电影艺术，而是在一个宏大的社会背景下，讲述一个快乐的故事，激发一种深刻的情感，培养一种伟大的品格，彰显了一种大品牌的气象不凡。在当前移动互联的大数据时代、云传播时代，品牌微电影必将成为公关和营销策划人的新宠。

点评专家：陈先红
华中科技大学新闻与信息传播学院副院长、教授、博导

中国青年女科学家奖

执行时间：2004 年至 2012 年

企业名称：欧莱雅（中国）有限公司

品牌名称：欧莱雅

获奖情况：2013 最具公众影响力十大公共关系事件

项目背景：

2004 年，欧莱雅（中国）联合中华全国妇女联合会、中国科学技术学会和中国联合国教科文组织全委会设立了"中国青年女科学家奖"。该奖是欧莱雅和联合国教科文组织一同发起的"为投身于科学的女性"计划在中国的延伸。截至 2012 年，中国青年女科学家奖已经举办了 9 届，共有来

自全国 20 个省（直辖市、自治区）和香港特别行政区的 76 位女性获此殊荣，涵盖了近 20 个学科。9 年间，欧莱雅共捐赠人民币 610 万元。2013 年正值该奖项的十周年，将有 10 位杰出青年女科学家获此殊荣，欧莱雅的捐赠总额也将达 710 万元人民币。目前，"中国青年女科学家奖"已经成为中国科学领域最高的奖项之一。

企业社会责任：这一以女性为主体的活动与欧莱雅探索美丽内涵的品牌形象相契合。欧莱雅一直鼓励创新以及它所带来的技术进步与革新性产品，并且利用创新性技术为中国市场提供具有划时代意义的产品，而女科学家的创新与探索精神正是欧莱雅品牌形象的体现。

项目调研：

当今世界，我们面临着许多重大挑战，而科学是解决问题的唯一途径。在诸多危机之下，科学界必须调动起所有优秀的智力资源——而女性，占据了其中的

一半。过去60余年，中国涌现出许多优
秀的女科学家，包括吴健雄（"核物理女
王"）、林巧稚（中国现代妇产学奠基
人）、何泽慧（中国的"居里夫人"）、谢
希德（中国半导体物理学开拓者）等。
然而与男性相比，在科学界获得重要地位

的女性依旧是极少数。1998年欧莱雅与
联合国教科文组织共同创立了"为投身于科学的女性"计划，致力于在全球范
围内支持推动科学进步的女性。

　　欧莱雅通过在网站上进行问卷调研，对关于女性与科学研究、青少年与科学
未来进行调研，同时携手中华全国妇女联合会、中国科学技术协会、中国联合国
教科文组织全国委员会等权威机构进行评选，从中国的女科学家中选出在基础科
学领域或生命科学领域取得重大科技成果或长期从事科研工作、表现突出、具有
代表性的青年女科学家，其中至少有1名（不限于1名）来自西部地区的青年女
科学家，以更大范围的激励女性从事科学事业。

　　"中国青年女科学家奖"由中国科学技术协会统一向所属全国学会和地方科
协以及其他有关单位，发出年度开展"中国青年女科学家奖"评选的通知和推
荐报名表。中国科学技术协会所属全国学会和地方科协以及其他有关单位按照通
知要求，将符合条件的候选人材料、推荐报名表在规定时间内上报至中国科学技
术协会。再由中国科学技术协会负责组织相关学科领域的专家组成"中国青年女
科学家奖"评审委员会。评审委员会负责对有关候选人进行评审，选出"中国青
年女科学家奖"入选者。随后，中国科学技术协会通过媒体对选出的"中国青
年女科学家奖"入选者进行公示，将评审和公示结果报组委会审定，最终确定年
度"中国青年女科学家奖"获奖者名单。最后，欧莱雅（中国）有限公司举办

"中国青年女科学家奖"年度颁奖典礼暨新闻发布会，对获奖青年女科学家进行表彰。

项目策划：

"中国青年女科学家奖"是国内唯一一项奖励和资助在生命科学和基础科学领域取得重大成果的女性青年科学家的奖项，在激励她们继续从事科学事业的同时，向公众揭开女科学家的神秘面纱，还原女科学家积极正面的形象，用女科学家的正能量影响更多的人群，向公众传播科学的同时激发青少年的科研热情，推动中国科技的可持续发展。

（1）目标：进一步扩大"中国青年女科学家奖"的覆盖面，让更多的受众知道了解、进一步扩大奖项在高校大学生中的影响力，以鼓励更多的年轻人投入到科学工作中；突出科学的价值和重要性，引发关于科学家和科学工作的讨论；支持女科学家以及促进中国科学的可持续发展。

（2）策略：最大化的媒体报道；多样化和交互性的传播方式；创意的传播活动；在社会化媒体上将科学主题变成一个参与度强和话题性强的活动。

（3）目标公众：女性消费者和以高校学生为主要目标群体的年轻人。

（4）传播策略：

线上媒体：

（1）以美剧《生活大爆炸》为引爆点，发起线上测试，探讨"男人 VS 女人，谁的脑子更像谢耳朵"，同时开展科学家性别调查，并将调查结果以文章的形式分享给网民。

（2）第九届的线上活动紧抓热点话题——世界末日，以"危机拯救者联盟"为主题进行网络测试，引导公众以科学的角度看待问题。

（3）同时，充分利用大众媒体，开启微博及微信互动、微博直播、网站专栏等活动。

传统媒体：

欧莱雅在颁奖典礼前，将会组织媒体对 10 位获奖女科学家事先的一对一访谈，为记者提供关于他们研究以及个人生活充分材料，进行深度报道。

（5）媒介选择："中国青年女科学家奖"颁奖礼邀请覆盖获奖女科学家出生地和工作地的 12 个省市的媒体专访女科学家。媒体涵盖大众、科学、女性及生活方式、医学健康、环境、财经及 CSR 等方向。根据媒体类别（大众、科学、女性及生活方式、医学健康、环境、财经、CSR）制定多角度沟通信息。重点沟通核心媒体刊发深度稿件。

项目执行：

"中国青年女科学家奖"设置组委会，中华全国妇女联合会副主席、书记处第一书记，中国科学技术协会常务副主席、书记处第一书记担任主任，组委会还下设秘书处和评审委员会。整个过程公正公开，欧莱雅（北京）有限公司主要负责提供奖金独家赞助，以及奖项评选、宣传和颁奖仪式及秘书处等相关工作费用，负责提出（制定）年度颁奖仪式方案，经批准后组织实施，同时还要承担工作方案中规定的工作任务。

整个项目执行分为五个阶段。

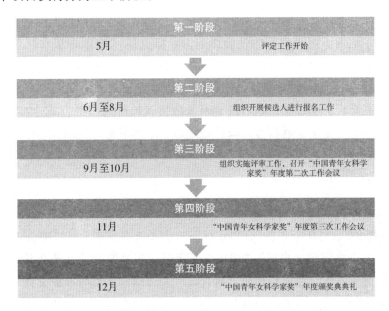

项目评估：

作为当今世界唯一一项在全球范围内奖励和资助从事生命科学和基础科学领域所有女性的奖项，"中国青年女科学家奖"的社会影响力稳步提升。每年都会吸引上百家来自大众媒体、科技类媒体、女性/生活方式类媒体、医疗保健类媒体、环境保护类媒体、商业媒体、教育媒体、企业社会责任类媒体、电视媒体、网络媒体等多种类型的媒体对颁奖典礼等相关活动进行追踪报道。

(1) 现场效果：北京大学教授、第八届"中国青年女科学家奖"获得者胡敏曾在颁奖典礼上提到"欧莱雅对青年女科学家的支持和推广将对中国的发展产生深远的影响。欧莱雅努力使科学更接近大众，在青年中塑造女科学家积极的形象，这对于像中国这样的国家非常重要"，胡教授还表示她将与欧莱雅一起为推进这一事业做出努力。果壳传媒CEO、科学松鼠会创始人嵇晓华也表示："这项活动不仅在科学领域引起良好反响，同时传达了欧莱雅的社会责任理念。以往对奖项的媒体传播效果还不足以弥补科学与大众的鸿沟，而本届活动是一次质的飞跃，让网民更加关注女科学家，更加关注女科学家奖。"

(2) 媒体统计：2012年第九届"中国青年女科学家奖"，共有117家国内媒体的131位记者出席了当天的颁奖典礼，收到媒体报道（纸媒、网媒、电视报道）563篇（其中54份来自香港媒体），包括39篇深度报道，4篇新闻头条。

(3) 新媒体统计：随着网络时代的到来，网络传播所带来的社会效应日益增强。因此，从2010年开始，欧莱雅（中国）不断创新活动形式，充分利用垂直网站及社交媒体，开展了丰富多彩的线上互动活动，赢得广大网民及青年人的热情参与，达到了前所未有的社会影响力。第九届"中国青年女科学家"线上测试浏览量达460万次，专栏报道浏览量达360万次，微博参与度超10万人次。

(4) 受众反应：欧莱雅公司通过邀请学生参加每年的颁奖典礼和论坛、举办科学家进高校活动以及"未来科学家可持续成长计划"等方式，9年来，项目累计直接影响青年学子近百万人成功地塑造了品牌形象，使品牌的内涵深入到每个人的心中。

案例点评：

"10周年"、"20个学科"、"86位杰出青年女科学家"、"710万元人民币捐赠总额"……欧莱雅（中国）"中国青年女科学家奖"对青年女科学家的支持和推广不仅塑造了女科学家积极的形象，同时传达出欧莱雅的社会责任理念。此次活动将高校学生圈定为主要的目标群体，因而如何在媒体上将科学主题变成一个参与度强和话题性强的活动是本案例的难点亦是亮点。

首先，深度的传统媒体报道提升内涵。

不同于纯粹地利用传统媒体炮制知名度，该案例更注重利用传统媒体的深度报道来升华内涵。该活动邀请了覆盖获奖女科学家出生地和工作地的省市媒体专访女科学家，与女科学家进行一对一访谈，充分展现个人生活，刊发深度稿件。

此外，根据多样化媒体类别（大众、科学、女性及生活方式、医学健康、环境、财经、CSR）制定多角度的信息沟通。这种多角度，有深度的传播沟通不仅使事件具有了辐射社会的影响力，还充分挖掘了事件本身的内涵，提升了社会价值。

其次，交互性的社会化传播贴近受众。

该案例在社会化媒体上的运作非常贴近目标群体的媒介使用形态。该案例选择了以美剧《生活大爆炸》为引爆点，发起的线上测试话题探讨"男人 VS. 女人，谁的脑子更像谢耳朵"，这些贴近目标受众的表达方式更容易引起受众的注意，激发起参与互动的积极性。同时开展科学家性别调查，并将调查结果以文章的形式分享给网民，把科学主题变成了符合社会化媒体传播调性的话题，考虑到了目标受众在进行社会化传播时的娱乐性和分享性。

点评专家：陈经超

厦门大学新闻传播学院助理教授

厦门大学品牌与广告研究所副所长

联手拳王，快克跨界出击突围

执行时间：2013 年 9 月至 10 月

企业名称：海南快克药业有限公司

品牌名称：快克

获奖情况：2013 最具公众影响力十大公共关系事件

项目背景：

随着天气转寒，又到了感冒多发季，打针吃药自然又成为人们要面对的事情。由于消费者在购买感冒药时，是典型的非专业购买行为，很大程度受大夫、药店导购员所影响，消费者的自主性很弱，因此，感冒药行业虽然发展多年，却依然是诸侯割据状态、品牌集中度不高，并未向其它消费品行业那样，行业进入稳定期后会出现大品牌占据高市场份额的局面。

经过近 30 年的发展，快克药业从中国 400 余个感冒药品牌中跻身前列，并在感冒药行业经历了"限麻令"、"毒胶囊"等重大事件中独善其身，确立了品质地位和良好口碑。在这种情况下，一个新的营销课题摆在快克药业面前：提高消费者进店点购率，即让顾客进入药店前，就考虑选择快克感冒药。这意味着，快克要冲破传统药品推广的模式——依靠终端陈列和药师推荐的方式，要凭借品牌影响力决胜终端。

要知道，不同于一般行业，国家和监管机构对于药品行业的宣传推广有着严格的限制，要迅速发挥快克的品牌势能难上加难，快克的这一策略具有很大的冒险性。但这又是超越药品企业传统意义上的拼广告、拼药店、拼医生等资源消耗战的必由之路。中国医药行业需要变革，而快克药业也选择了用突破改写医药业营销的历史！

为此，快克药业发起了"2013快克防感冒出击季暨感冒合理用药促进行动"，力求用一场广具社会影响力的公益活动，从感冒药行业中突围而出。

项目调研：

"白露秋分夜，一夜冷一夜。"随着9月来临，昼夜温差变大，感冒多发季也随之来临，感冒药企业也都蓄势待发，酝酿大规模的推广攻势。

"快克"（Quike）——快速克服感冒病毒，这和人们头脑中"治感冒关键要快"的认知高度吻合。但是，对于一个拥有400多个品牌的战场来说，这点优势很容易就被"××出手，感冒快走"、"30分钟迅速起效"、"快速出击，不给感冒留机会"等这类广告轰炸给淹没了。

要影响消费者的心智，快克任重而道远。突破口究竟在哪？

7月份，一则来自央视的报道引发了快克关注。这则题为《输液的危害等于自杀》的新闻中提到："据中国安全注射联盟统计，我国每年因不安全注射导致死亡的人数在39万以上。当前有的村卫生所或医院为了挣钱，"凡病皆吊瓶"的现象非常严重。哪怕是牙痛、伤风感冒等小病，也要挂"吊瓶"。专家调查发现，95%以上的人不知道滥用输液及不安全注射的危害。据世界卫生组织统计，70%以上的输液为不必要的输液。触目惊心的滥用输液已给人类带来重大灾难。我国已成了重灾区。"

由于时值感冒淡季，这则报道并未引起媒体和社会的后续关注，但却给快克药业巨大的启发。

"能吃药最好不打针，能打针最好不挂水"这个专业医学理念，因为人们的片面认识及经济利益等因素，变得出不了课堂、进不了医院。我国成为名副其实的"输液大国"。数据显示，70%的现有感冒输液人群，实际上是没有必要输液的，而中国人的每年的人均输液瓶数，远超世界平均水平，其市场机会显而易见。

项目策划：

纠正"输液乱象"已经成为全民关心、刻不容缓的问题，如果快克药业站

出来，扛起"促进感冒合理用药"的大旗，教育人们树立正确的防感冒、治流感、抗病毒的观念，纠正"输液依赖"的误区，这将会使快克感冒药进入一片蓝海——其争取目标人群，将由选用其他感冒药品牌的人群，扩张到那些"输液依赖"消费者。

基于这些事实，快克药业决定以此为突破口，发起一场旨在大力推动"感冒合理用药"的科普教育公益活动——感冒合理用药促进行动。

快克的公益活动，得到了卫生部直管的中国健康教育中心和众多卫生领域专家的支持。权威的背书和充足的准备，使快克药业的这次推广行动更加丰满、立体。包括了：启动仪式发布会、发表感冒合理用药倡议书、发布《快克儿童安全用药手册》、发布《快克感冒健康手册》、宣传"输液依赖"现状及其后果、普及推广"防感冒健身拳"，倡导快乐运动，健身防病等。

这些元素，构成了"2013防感冒快克出击季"的战役。当然，还有一个杀手锏——活动公益推广大使。

医药企业做公益是个很平常的事，这照快克要达成"轰动性事件"的期望值相去甚远，尽管"感冒合理用药"的话题是个全民关注的事。

要火，还欠东风。

而在公益事件的框架下，最能吸引眼球的莫过于找一位名人担当推广大使。这个人要有影响力，有话题性，还要与快克品牌和公益活动有很好的相关性。经过不断的排查否定，快克找到了他——前世界重量级拳王迈克尔·泰森。

首先，泰森是世界重量级冠军，被认为是世界上最好的重量级拳击手，知名度高。在其全盛时期，他以毁灭性的风格多次击败了著名的对手，被ESPN评为世上最具威胁性的拳击手。

其次，作为拳王，泰森与快克品牌有着很大的相似度：治感冒疗效要快，快克29年的经营建立起感冒药的"快"字招牌；而泰森则保持着世界上最快的出拳纪录——每秒13拳，无数选手折服在他的快拳之下。另外，感冒患者身体虚弱，希望有个强大的力量，把感冒病毒击垮、消灭；而泰森这个强壮的形象，迅猛的力量，毫无疑问会给患者以强大的心理暗示："他可以快速克服任何对手。"

最后，也是最为关键的是，泰森具有其他名人、明星所不具备的话题性，甚至是争议，这是千金难换的。

泰森的一生具有传奇色彩：街头混混、世界重量级拳王（90%以上KO对手）、强奸入狱、咬耳朵、败给不知名选手退出拳坛，他身上有太多标签。从打拳赚的3亿美金到负债4000万美金，人生可谓跌宕起伏。

但是，我们知道年近50岁的他，在经历了太多拳坛生涯、生活是非和悲喜人生之后，如今已经不是曾经那个坏小子了。他不但成为素食主义者，而且一心向善、热心公益，对于泰森来讲，如今最快乐的事情就是跟家人在一起，看着孩子慢慢长大。难得的是，不久前，他还跟曾经最大的对手——霍利菲尔德一笑泯恩仇了，一时被美国媒体传为佳话。

正因泰森有太多故事，正因泰森隐退多年，正因绝大多数中国人民对泰森的印象还定格在那个"咬耳朵"、"坏小子"的老形象中，才使得这次邀请泰森来华做公益，这具有了巨大的、鲜明的反差和看点，绝不是一般意义的明星所能达成的效果。

事实上，当快克联系上泰森，告诉他做这次公益的初衷，并期望他能借此机会来和中国朋友做些交流时，泰森立即欣然的订好了来华机票，并且在后面的活动中，做了一次给中国观众无数惊喜的公益大使。

项目执行：

行动开始之前，首要任务是让公众认识到"输液依赖"现象的严重性和危害。于是，9月份起，《合理用药应引起全民关注》、《国人输液量为何远超国际水平?》、《"输液依赖"该不该依赖?》、《中国成输液大国 每年数万人输液丧命》等报道开始见诸各大媒体，其中引用大量专

家采访观点、国内外调研数据对比、医院诊所"吊瓶丛林"情景实拍等，引起广泛关注。

在舆论铺垫之后，正式进入到"2013快克出击季暨感冒合理用药促进行动"的高潮环节。

由泰森担当公益大使，活动自然少不了拳击的元素。虽说"能吃药就不打针、能打针就不挂瓶"。但怎么都不如不得病，预防感冒最好的方式就是通过运动来强身健体。于是，经过策划并开发，活动主办方和快克药业联合中国体育大学的专家，结合拳击运动特点，专门研发出一套简单易学的"防感冒健身拳"，可以让人们轻松上手。

泰森对这套拳产生了浓厚的兴趣，经过他的指点完善，这套"泰氏"防感冒健身拳大功告成了。中国体育大学的健身教练调侃到："这套健身拳不但可以让人快乐运动，加上拳王的指点，练好了今后还能防色狼呢！"

泰森来华，如预期所料，引发了中国媒体和公众的广泛关注和报道兴趣。在这场主题为"快乐拳击 健康中国——2013 防感冒快克出击季暨感冒合理用药促进行动"启动仪式的新闻发布会上，曾经的坏小子展示了自己真实的一面：热心公益、关爱小朋友，耐心回答媒体和主持人的每一个问题，并不时卖萌做个鬼脸，还表示要和成龙、甄子丹过招拍电影。其间，泰森教小朋友打拳、和中国家庭代表一起打"防感冒健身拳"等活动，更是把会场气氛推向高潮。

会后的媒体采访中，泰森则如实的表达出自己的感受："跟以前几次来华的感受不同，这次来做公益自己的收获最大"、"现在我想做一个更好的人，我想看到自己孩子从中学毕业，我想看到他们结婚生子，我想看到自己的孙子，迈克尔泰森的孙子"、"我之前做过的，都已成为历史；我将来要做的，是充满神秘的未知"……

当一个涅槃重生、醉心公益的泰森出现在中国公众面前，媒体的报道热情不难想象，毕竟太多年没有这位拳王的消息了。泰森此次来华出席公益活动的启动仪式，并担当快克公益大使，在中国停留时间前后不超过 35 小时，但影响力远超此前贝克汉姆等明星来华活动。

借势泰森来华的热度，快克通过宣传攻势与泰森强势关联，进而将关注度引导到促进感冒合理用药的话题上，引导大众媒体和健康类媒体进行了一系列报道，如《感冒季来袭，快克"对症"发起合理用药公益行动》、《拳王出击，快克强势发起 2013 年防感冒出击季攻势》、《泰森找到新对手，向感冒宣战担当快克公益大使》、《快克用泰森快拳击碎感冒误区，专家呼吁少打吊瓶》、《快克与泰森一"快"即合，携手击退感冒季》、《向"输液乱象"开战，快克扛起"感冒合理用药行动"大旗》等，把感冒合理用药的观念进行了传播。

项目评估：

媒体监测数据显示，"泰森来华做公益"话题成为第二天百度新闻热词，并发挥了新闻源风向标的作用；腾讯、新浪、搜狐、网易、凤凰网等媒体全部首页及弹窗报道，并且在手机新闻客户端等新型媒体形式上得到显著露出。值得一提的是，CCTV-1 也就此事件进行了长达一分半的新闻报道，有效的倡导了感冒合理用药观念，而就在前不久，iPhone5 上市发布的信息都没能被央视所报道。"泰森来华"成为微博热门话题，评论数超过 26 万次，微博名人大号"@潘石屹"、

"@周鸿祎"等都在推广期间积极的进行了话题互动，将活动影响力进一步释放。此次公益行动在时机、切入问题的角度上十分精准，快克品牌顺势得到频繁的露出，百度搜索指数显示，快克的关注度指数增长了3.8倍，远远超过其它感冒药品牌。

由于泰森来华带来的巨大人气，一些娱乐类媒体出现"泰森来华吸金"、"代言费超过国内一线体育明星"的猜测，对此快克药业做了回应："泰森做公益，代言费只要一盒快克不感冒。"后续的猜想和关注，为泰森中国行画上完美的结局，也让快克在感冒季来临之时，品牌活跃度得到极大的提升。

一切推广造势，都不能忘记策划的初衷。泰森在中国只呆了35小时，但却留下了影响持续的泰森效应。泰森通过快克的公益平台，重塑了他在中国人心中的形象，从这个角度讲，这个事件具有历史性的意义。而引爆泰森来华做公益事件，解决了快克药业最期望的"东风"。

在这个雾霾和流感疫情叠加的感冒多发季节来临之际，快克借势"泰森担当快克公益大使"话题带来的关注度，将舆论进一步向公益活动本身和快克药业引导，实现了快克品牌的活跃度和话题；而快克结合泰森活动现场的"一言一行"所制造的话题，使其品牌的"快"字招牌得到强化；同时，针对"输液依赖"等社会关注问题，快克所扛起促进"感冒合理用药"大旗，不仅宣誓了业界地位，更是影响公众"感冒合理用药"观念，降低治疗感冒市场的"输液"比重，进而提升快克感冒药的销量。快克药业正是打好了"天时"、"地利"、"人和"这三张牌，实现了联手拳王的跨界突围。

案例点评：

公关活动选择泰森作为形象大使是成功的。泰森是公认的世界重量级冠军，因其在拳击领域做出特殊贡献，具有很强的"名人效应"；泰森在全胜时期以毁灭性的风格多次击败对手的"硬汉"形象，与快克击败感冒非常有效的产品形象非常符合；泰森击败对手的"快"与快克品牌治疗感冒的"快"有着很大的相似度；泰森的硬汉形象给病人战胜感冒的积极心理暗示；泰森身上的话题性与争议性，在短时间能吸引更多中国公众的关注。

"快克"的品牌形象非常鲜明。取名"快克"，本身具有"快速攻克"之意，将感冒药治疗感冒的"快"、"准"、"狠"的形象诠释得淋漓尽致。此次公关活动的成功主要体现在如下方面：

首先，是全面的公关调查。

基于感冒药行业、快克药业、医药行业的背景，对项目进行了全方位的调研。①把握公关时机——感冒药的上市具有很强的时间性；②良好的产品名称形象——"快"，具有一定的知名度，但面临竞争对手的冲击；③全面搜集潜在价值信息，打开公关突破口——从"输液有危害"中获得启发，从思考如何改变公众对"打点滴"的错误认知入手，展开公关。

其次，是有力的公关策划。

确定公关目标人群。通过调查，知晓医药市场和受众存在"输液依赖"的状况，锁定目标公众的范围。

创新性的活动设计。围绕"对公众'感冒合理用药'科普教育"公关主题，争取更多的目标人群，在权威机构的大力支持下，拟定公关内容、活动形式、活动流程。

第三，是成功的项目执行。

快克公司在前期准备、程序管理、目标导向、控制进度、整体协调、反馈协调等原则的指导下，工作方法具体简单、成本低、讲究科学性与艺术性，保证了活动的顺利开展。①与媒体进行沟通，加强宣传，进行舆论造势；②研发"防感冒健身拳"，激发公众兴趣；③召开发布会，塑造爱心形象；④将"武术"与"泰拳"相结合，实现泰森与公众的充分互动；⑤后续跟踪报道。

最后，是良好的传播效果。

树立"快克"良好企业形象，加深公众对快克品牌的理解与信任，为其发展、占有消费市场创造了条件。传统媒体与新媒体的复合式报道，扩大了影响范围。

点评专家：王欢

北京邮电大学公共管理学院院长

玫琳凯中国发布 2012 年度可持续发展报告

执行时间：2013 年 6 月 21 日（发布会）

企业名称：玫琳凯（中国）化妆品有限公司

品牌名称：玫琳凯

获奖情况：2013 最具公众影响力十大公共关系事件

项目背景：

1. 项目介绍

　　玫琳凯于 2013 年发布了《玫琳凯中国 2012 年度可持续发展报告》，相比之前以及其他相关行业报告更具专业性，这是玫琳凯中国向公众正式发布的第四本相关报告。其撰写具有领先意义地参照了全球报告倡议组织（Global Reporting

Initiative，GRI）的 G3.1 版《可持续发展报告编写指南》的具体指标来披露玫琳凯中国在可持续发展方面的相关情况，对玫琳凯中国未来发展的方向及行业信息披露具有很大的参考意义。

2013 年 6 月 21 日，"玫琳凯与女性——玫琳凯中国 2012 年度可持续发展报告发布会"正式在北京召开，超过 150 名重量级与会嘉宾参与发布会。在发布会上，玫琳凯长期合作的公益伙伴及各利益相关方代表都从自身角度出发对报告做出深刻解读，为玫琳凯中国未来的可持续发展提出了有益的建议。美国大使夫人李蒙女士也出席了发布会，她对玫琳凯中国的健康发展加以赞赏。

2. 需解决的问题

持续、规范的非财务信息披露已成为世界一流企业的共通实践，可持续发展报告或企业社会责任报告，已成为企业与利益相关方建立良好沟通的重要载体。玫琳凯特别在全球 50 华诞之际发布了《玫琳凯中国 2012 年度可持续发展报告》，希望未来能更全面地关注可持续发展。

玫琳凯中国旨在通过该可持续发展报告的发布与利益相关方建立良好沟通。

作为直销行业中为数不多的发布可持续发展报告的企业，玫琳凯希望借公开发布的机会，引领并推动直销行业进行持续、规范的非财务信息披露。

项目调研：

结合国际趋势，整合公司企业社会责任体系。

在编撰及发布可持续报告之前，玫琳凯严格以全球报告倡议组织（GRI）发布的 G3.1 版可持续发展报告披露指引为参照，系统梳理公司现有的公益、CSR 管理及传播体系，建立能够符合国际标准、满足监管方要求、响应关键利益相关方诉求的可持续发展管理与传播体系。

项目策划：

（1）目标与策略：玫琳凯中国期望通过可持续发展报告全面阐释其在 2012 年度对创始人、消费者、事业伙伴、员工、社会及环境这六大利益相关方责任的执行情况，与利益相关方建立良好的沟通。并借公开发布的机会，向媒体及政府传达声音，引领并推动直销行业进行持续、规范的非财务信息披露。因此该项目主要分为两个重要阶段：其一，结合国际通用的可持续发展报告指引，系统梳理公司现有的公益、CSR 管理及传播体系，并编制具有行业参考意义的可持续发展报告；其二，向公众正式发布报告，举办发布会。

（2）目标公众：媒体（意义：传播与监督）、员工及销售队伍（意义：通过报告与其建立良好的沟通）、消费者（意义：对消费者持续承诺）、公益合作伙伴（意义：汇报重要公益项目成果）、政府部门（意义：汇报企业的发展进程以及社会意义）。

（3）传播策略：这次媒介的选择将通过多元渠道，向各利益相关方全面沟通。具体传播计划及媒介选择如下：

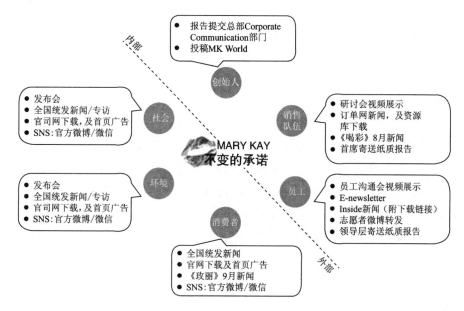

1）对外：

6月至7月发布活动新闻稿：具体媒体名单请见媒体刊载表附件。

6月至9月发布玫琳凯高层专访：南都周刊、China Daily、中国青年报、光明日报、羊城晚报。

6月玫琳凯官网发布活动新闻和视频，并上传可持续发展报告电子版供公众下载。

6月至7月玫琳凯官方微博及微信转发可持续发展报告电子版链接、活动现场花絮。

9月供消费者浏览的玫琳凯《玫丽》杂志刊登发布会活动新闻。

2）对内：

对销售队伍来说，①6月销售队伍订单网站发布活动新闻和视频，并上传可持续发展报告电子版供销售队伍下载；②7月经销商城市沟通会通过照片介绍活动情况；③8月《喝彩》杂志刊登发布会活动新闻，经销商城市沟通会播放发布会视频；④9月玫琳凯2013年度研讨会播放发布会视频。

对员工来说，①6月员工内网发布活动新闻；②6月玫琳凯志愿者微博转发可持续发展报告电子版链接；③7月员工沟通会播放发布会视频。

项目执行：

2012.10～2013.2 公司内部访谈，系统梳理公司现有的公益、CSR 管理及传播体系。

2013.2～2013.5 编制可持续发展报告。

2013.3～2013.6 发布会策划及准备。

2013.6.11 召开发布会。

2013.6～2013.7 各利益相关方沟通，并收集反馈意见。

（1）主题：玫琳凯与女性——玫琳凯中国 2012 年度可持续发展报告发布会。

此次发布会的内容以报告中描写的 6 个利益相关方及责任关键字为主线，通过各利益相关方代表现场讲述，突出玫琳凯在每项责任方面对利益相关方产生的积极影响，特别是对女性的影响，使到场嘉宾能对该可持续发展报告有深刻解读。

梦想——对创始人不变的承诺。

美丽——对消费者不变的承诺。

成就——对销售队伍不变的承诺。

发展——对员工不变的承诺。

爱心——对社会不变的承诺。

家园——对环境不变的承诺。

（2）形象创意：会议主画面的彝绣作品来源于玫琳凯女性创业基金的公益微电影。2001 年，玫琳凯中国与中国妇女发展基金会合作创办了玫琳凯女性创

业基金，通过提供小额无息贷款，帮助下岗女工和贫困妇女创业，实现脱贫。2011 年，基金进一步引入联合国开发计划署作为合作伙伴，为贫困女性提供贷款的同时提供技能培训，截至目前，基金总额已达 2511 万元，累计为全国 20 个省份的 70000 名妇女提供了帮助。

（3）发布会亮点：①现场首映玫琳凯女性创业基金"绽放"微电影；②展现女性柔美与力量的现代舞为发布会开场表演。

项目评估：

2013 年 6 月 21 日下午，玫琳凯与女性——玫琳凯中国 2012 年度可持续发展报告发布会正式在北京召开，超过 150 名重量级与会嘉宾参与发布会，其中包括相关政府部门、公益机构及全国 45 家主流媒体。在发布会上，包括中国妇女发展基金会、中国少年儿童基金会、联合国计划发展署等玫琳凯长期合作的公益伙伴及各利益相关方代表都从自身角度出发对报告做出深刻解读，为玫琳凯中国未来的可持续发展提出了有益的建议。美国大使夫人李蒙女士也出席了发布会，她对玫琳凯中国的健康发展加以赞赏。

发布会获得与会嘉宾、媒体的广泛好评，相关人士对报告作了深刻解读。

发布会总体发稿数量包含 60 家主流媒体，同时电视、平面媒体都对发布活动进行了报告。

发稿媒体清单：第一财经、光明日报、中国经营报、中国青年报、深圳特区报、消费日报、中国贸易报、竞报、中国妇女报、公益时报、中国信息报、广州日报、中国商报、国际商报、企业观察报、中国质量报、中华工商时报、中国工商报、北京青年报、中国经济时报、北京晨报、中国环境报、光明日报（专访）、中国青年报（专访）、中国消费者报、法制晚报、新京报、文汇报、新民地铁报、新闻晨报、上海商报、信息时报、南都周刊（专访）、南方都市报、羊城晚报（专访）、中央人民广播电台、新民网、上海热线、东方早报网、四川新闻网、人民日报海外版、搜狐、中新、人民网、网易、千龙、新浪、PPTV、迅雷看看、迅雷看看官方微博、56 网、风行网、爱奇艺。

同时，发布会视频及精彩花絮微博微信累计转发超过 1000 次。

案例点评

发布 2012 年度可持续发展报告的行为为玫琳凯公司树立了良好的企业形象，体现出公司"以公众为对象、以美誉为目标、以互惠为原则、以真诚为信条、以传播为手段、以长远为方针"的理念。

良好的企业形象是在满足公众需要的基础上形成的。组织的生存与发展，必须以公众获益为前提。在公众获益的基础上组织获益，是公共关系存在的逻辑基础。美国卡特李普和森特认为："公关能建立和维护组织与公众之间的互利互惠关系，而一个组织的成功或失败取决于公众。"此次公关活动的成功主要得益于正确处理与公众的关系，实现了企业与公众利益目标的"双赢"。

玫琳凯公司深入鉴别公众利益，根据各类公众的需要，分别对创始人、消费者、销售队伍、员工、社会、环境进行了承诺，承诺行为符合道德准则和环境责任，强调了作为企业的社会责任，实现了公众利益和企业利益的统一。

此次公关活动有如下特征：

其一，项目定位很精准。撰写并发布《玫琳凯中国 2012 年度可持续发展报告》，为实现企业可续发展提出建议，提出了需要解决的三大问题。

其二，项目准备很充分。结合国际趋势，整合公司企业社会责任体系。清晰地提出项目目标与策略；对目标公众进行了系统的分析；传播策略科学得当，传播渠道多元，媒体造势能力强；活动有条不紊，形成了周密的项目时间表。

其三，发布会主题很有特色。从"梦想"、"美丽"、"成就"、"发展"、"爱心"、"家园"六个角度，塑造了玫琳凯公司的企业理念与形象；会议主画面的形象创意诠释了玫琳凯公司关心员工、承担社会责任的"爱"的形象；作为发布会的两大亮点——现场首映玫琳凯女性创业基金"绽放"微电影、展现女性柔美与力量的现代舞为发布会开场表演，传达了公司关爱女性的理念；发布会现场的唯美、盛大得到了与会嘉宾和媒体的好评，视频、门户网站、SNS 等网络新媒体与报纸、广播、电视等媒体都对发布会现场的盛况做了复合式的报道，提升了玫琳凯公司的知名度和美誉度。

点评专家：王欢
北京邮电大学公共管理学院院长

联想 A580：拍你机 Pioneer 夏日完美逆袭

执行时间：2012. 8～2012. 9
企业名称：联想 MIDH
品牌名称：联想智能手机
获奖情况：2013 最具公众影响力十大公共关系事件

项目背景：

2012 年 8 月，联想推出首款网络专供机 A580 上市，定价不足千元，目标锁定以学生为代表的年轻用户。希望通过小规模的推广投入引起大学生关注，促进销售。

我们发起了一个活动——如果想免费得到联想 A580，就让朋友来帮忙，或许就可以实现。我们选择在中国的大学生 SNS 平台——人人网上发起了这项活动，活动的名字叫"团结起来，拍到底"。活动为期 12 天，规则也很简单，就是采用"逆拍"的方式，呼吁身边的好友来支持，从 999 元一拍到底，用 0 元拿手机的利益点吸引年轻人参与。

项目调研：

联想 A580 的推广主要面临两大核心问题：一是没有大量的广告支撑，整体推广费用仅为 80 万元；二是千元机市场饱和，这正是各大手机品牌争夺市场份额的主要战场。

面对这样的挑战，我们基于这款产品为首款网络专供机的特点，希望可以在大学生最集中的平台，通过活动的创意直接刺激购买。

我们将传播的媒体平台锁定大学生粘着度最高的人人网，一方面是因为这里聚集了最多的泛学生群体，另一方面这是一个强社交的平台，可以调动真实好友，可以让关注和参与度呈几何裂变式的发展。

因此，在活动的创意上我们核心关注的是如何调动好友参与，而以奖品为激励，号召团队抢拍的方式可以让活动的效果最大化。

项目策划：

1. 传播目标

引关注：通过营造优秀的话题，在传递产品亮点性能的基础上，突出"千元智能机"的超高性价比。

有口碑：强化话题的参与度，在树立良好用户口碑的基础是，引发网友自发主动的传播。

带销量：作为联想的首款网络专供机，可以带动 A580 在联想官方商城和天猫旗舰店的销量。

2. 策略创意

为抓住大学生眼球，我们在人人网上进行了一次为期 12 天的有奖互动活动，活动以 0 元赢手机为吸引，从 999 元一拍到底，用 0 元拿手机的利益点吸引年轻人争相抢拍。为了在大学生人群中形成病毒性的影响力，逆拍在活动设置上鼓励团队作战，参与者需依靠自己在朋友圈中的实力号召大家帮助逆拍，调动了网友真实有效的用户关系，在短时间内迅速扩散，形成了裂变式的传播效果，这种方式促使活动参与人数呈几何数上升，形成了"多米诺骨牌"效应。

目标受众：主要为大学生群体，他们关注时尚同时也关注价格，对功能配置有一定的要求，乐于网购，也乐于尝试新鲜事物。

3. 媒体传播策略

活动以人人网为核心主阵地，联想手机的官方论坛为辅阵地，双向开展活动，同时将活动信息扩散至校园类 BBS 及其它门户、垂直网站等传统媒体。

项目执行：

反应火爆，出乎意料。逆拍活动经过前期预热，用户蓄势待发，正式开始后，活动参与度持续高涨。第一天仅在 5 个半小时就有第 1 名用户成功拍得 0 元"拍你机"。活动效果之优在人人网过往案例中几乎前所未有。

持续高参与度。活动期间，参与度极高，每日抢拍资格和 12 部 0 元手机均被抢空。并且经过后台数据核实，所有获奖用户均为真实用户。

效果突出。截止 8 月 17 日，12 天里共有 735161 人参与活动，全站 PV（页面浏览量）、UV（独立访客访问数）分别为 2323637、1299014。同时，活动官网为销售页面带来 228866 次点击，均超额完成 KPI 目标。特别是活动参与人数，较之原定的 45 万人，实际执行超过 63%，达 73.5 万人。

项目评估：

从最终的数据上看，PV、UV 均超过同费用量级 KPI，且非常接近高费用量级活动。特别在参与人数上，大大超过两个对比案例，超过上半年效果最好活动将近 20 万人次。

日期	广告展示	广告点击	全站PV	全站UV	活动参与人数	官网外链点击
预估KPL	367.000.000	600.800	2.000.000	1.200.00	450.000	—
实际完成	367.604.596	6091.539	2.323.637	1.299.014	735.161	228.866
完成率	100.16%	100.12%	116.18%	108.25%	163.37%	—

模块	团结起来拍到底	某手机效果最好项目（同行同费用）	薇婷（上半年效果最好的活动）
合作费用	80万	80	180
页面PV	2323637	94	265
页面UV	1299014	57	158
参与人次	735161	24	57.7

案例点评：

随着 Web 2.0 时代的到来，社交媒体（SNS）迎来了爆发式的增长，人们获取信息的方式开始变得更加多元化，而公关活动中，网络传播既有速度又有宽度，是信息传播的最佳途径。联想 MIDH 此次的公关活动属于新品推广活动。新产品推广活动的目的是让消费者最大效果地了解产品，宣传新产品的特征，吸引新客户，并较快提升品牌的知名度。所以，活动重在"被知道"而不是"被卖掉"。期间，活动效果的评判依据就是"有多少人知道了"。我们在项目评估时会通过某种指定行为频率或数量的数据来界定活动的效果，例如本案例中的PV和UV，由项目评估可见，此次的推广活动十分成功，分析其原因主要有两点：

一是确定正确的受众目标。联想A580此次发布活动的消费人群定位于大学生，其优势在于保有功能性的同时又价格低廉。大学生大都无收入，享受型消费的开支通常需要从每月固定的生活费中省出，因此价格上的优惠是影响其购买的绝对关注点，另外，学生群体是最活跃的群体，他们年轻，追赶潮流，喜欢所有新奇的东西，当有一个新的话题点产生后，其将在较长的一段时间内出现在学生们的各种日常交际中。因此需要针对目标消费人群的特点以独特的方式介绍产品，与他们在情感上共鸣，从而打动他们。针对大学生受众以上特点，联想A580推出了"逆拍"活动。"逆拍"这一说法本身就让人觉得很新奇，这是一种打破常规的行为，从某种程度上制造了话题。其次，只要逆拍成功即可0元购机对于"可自由支配财产只能靠省"的学生也是一个极大的诱惑。

二是绝佳的平台选择。对应上面的分析，我们了解到学生群体追赶潮流的特点，自然他们已走在了Web 2.0时代的最前面，每天使用SNS几乎和吃饭睡觉一样的自然和必然，一对多的交流方式使得每个人在SNS上都有着自己一张大大的关系网，刷微博、刷人人、刷空间，动动手指就能完成信息的发布和获取。再说新品发布，原先的新品上市发布会早已不能满足，加之此次的目标群体是大学生，就更应该用他们的语境和话语方式来"说话"。人人网（原校内网）作为"一对多"SNS届的元老级，虽然近几年被兴起的微博和微信略抢风头，但是其信息处理的体系较为完善，又有多年的联合品牌活动经验，在类似活动中具有一定优势，且人人网更强调实名交友，更趋向于同学或校友，这一点使得线上线下的信息传播能融会贯通，能加大信息流通力度，而"限时"、"限量"的饥饿营销，也加强了信息在时间上的爆破力，使得整个传播节奏紧凑，高效。

点评专家：赛来西·阿不都拉

浙江大学城市学院公共关系研究中心主任、副教授

2013 年梅赛德斯－奔驰全新 A 级车媒体发布会
——"A－Space 创意空间体验之旅：新血来袭"

执行时间：2013 年 4 月 15 日至 19 日

企业名称：北京梅赛德斯－奔驰销售服务有限公司

品牌名称：梅赛德斯－奔驰

获奖情况：2013 最具公众影响力十大公共关系事件

项目背景：

1. 项目介绍

　　2011 年上海车展，全新梅赛德斯－奔驰 A 级概念车首次全球亮相，赢得广泛赞誉并屡获殊荣。时隔两年，众望所归，全新 A 级车以崭新的活力和动感身姿，在上海车展正式登陆中国市场。车展之前，梅赛德斯－奔驰和 Powell Tate 两家公司携手举办了 A Space 创意空间之旅活动。作为上市前的预热之作，全新梅赛德斯－奔驰 A－Space 创意空间体验之旅打造了一场前所未有的感性体验，成功地为全新 A 级车做了重新定位——以动感前卫的多层次展示，将全新 A 级车所蕴涵的新生代生活理念诠释的淋漓尽致。A－Space 创意空间体验之旅为参与者提供了一个表达个性的平台，以创新形式演绎了快节奏现代生活的多重魅力，带领参与者一同探索和感受全新 A 级车无处不在的动感激情的生活方式。

　　2. 需解决的问题

　　梅赛德斯－奔驰计划于 2013 年 4 月在华推出全新 A 级车，并将这次活动作为参加 2013 年中国国际车展之前的预热活动，以期在中国最盛大的车展活动期间实现最大的宣传力度。

作为梅赛德斯－奔驰全球战略的核心，全新 A 级车面向那些寻觅热力四射车型来表现自己个性的年轻时尚消费者，以扩大公司的消费群体。为此，梅赛德斯－奔驰需要为其在华举行的新闻发布会采取一种独特的方式，以便在"新血来袭"这一特别主题之下，把全新 A 级车定位为一款炫酷车型。

3. 执行地域

这次活动的举办地我们选择在中国最具国际色彩的城市——上海，这里充满了中西方文化的冲击性，如同全新 A 级车一样极具活力和激情。同时，上海也是中国的奢侈品之都。根据世界奢侈品协会的数据，2010 至 2011 年间，上海占中国奢侈品市场总销售额的 18.3%，位居全国之首。所以，对于全新 A 级车这一款豪华紧凑车来说，上海市场具有巨大的潜力。

项目调研：

1. 市场目标消费者调研

根据对全新 A 级车目标消费者调研数据分析得出；全新 A 级车的消费者在性别层面较为平均，男女比例接近 50%；全新 A 级车的消费者在年龄层方面范围较广，没有明确的年龄界限，但他们都具有年轻的心态；全新 A 级车的消费者在教育程度方面水平层次非常高，大都受过高等教育或有留学经历；全新 A 级车的消费者所在地（中国）大多处于一二线城市，如北京、上海、广州、深圳等，同时二三线城市市场潜力巨大。

2. 新媒体传播市场调研

"年轻奔驰"领军车型全新 A 级车登陆中国市场，以其紧凑与时尚的魅惑外形，必将成为中国新生代消费者的最佳之选。梅赛德斯－奔驰和 Powell Tate 在研究如何以最佳方式接触中国的年轻时尚消费者时发现：在与这一目标受众接触方面，社交媒体至关重要。如今中国的新生代、上班族乃至中年人都热情的参与到社交平台的传播当中，并与生活的每个细节，每个时刻都紧密联系起来，因此社交媒体也成为了触及这些消费者的最直接，收效最大的方式，尤其是对于社交网络尤为钟爱的年轻一族。通过充分分析并利用社交媒体进行传播，使其成为促进全新 A 级车销售的强劲推助力。

根据调查，在中国约有 5.97 亿位社交媒体用户，其中 70% 左右的年龄在 19 岁至 35 岁之间。

对于企业来说，在与消费者接触并赢得其信任方面，互联网是关键媒介。中国的年轻专业人士是全新 A 级车的目标消费群，其中的 70% 把互联网看作最值得自己信任的信息源。这证明：各品牌在借助社交媒体平台开展宣传方面大有可为。

在中国的众多社交媒体平台当中，新浪微博可说是最具影响力的平台，截至 2012 年年底拥有 5.03 亿名注册用户。从粉丝人数、活跃度和微博账户覆盖范围来看，顶尖的微博博主对网民的影响力巨大。

除了若干微博平台以外，微信的影响力也与日俱增。就产生的通信量而言，该应用在华名列榜首，预计到 2013 年年底将拥有至少 4 亿名用户。艾瑞网的报告显示，视频共享网站依然是深受欢迎的平台，2012 年有 3.5 亿中国网民使用了此类网站。

我们对全新 A 级车在中国市场上的品牌发展做了 SWOT 分析：

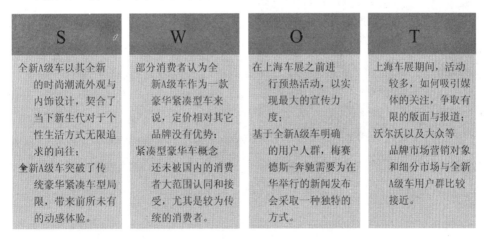

S	W	O	T
全新A级车以其全新的时尚潮流外观与内饰设计，契合了当下新生代对于个性生活方式无限追求的向往；全新A级车突破了传统豪华紧凑车型局限，带来前所未有的动感体验。	部分消费者认为全新A级车作为一款豪华紧凑型车来说，定价相对其它品牌没有优势；紧凑型豪华车概念还未被国内的消费者大范围认同和接受，尤其是较为传统的消费者。	在上海车展之前进行预热活动，以实现最大的宣传力度；基于全新A级车明确的用户人群，梅赛德斯-奔驰需要为在华举行的新闻发布会采取一种独特的方式。	上海车展期间，活动较多，如何吸引媒体的关注，争取有限的版面与报道；沃尔沃以及大众等品牌市场营销对象和细分市场与全新A级车用户群比较接近。

项目策划：

（1）目标：全新 A 级车腾空出世，其口号"新血来袭"展现出其代表的年轻无谓的进取精神，以及一种对于个性化生活的无限追求。在中国规模和影响力最大的年度车展开幕之前持续进行的这次预热活动，最主要的目标是将确保梅赛德斯–奔驰在众多汽车厂商中脱颖而出，赢得新闻界和消费者的关注。

（2）策略：在上海车展之际上市的全新 A 级车，为中国的消费者带来了全新的生活方式选择，并将引领着新时代汽车发展的方向。此次活动作为上海车展前的精彩预言，更将提前展现属于全新 A 级车的精彩世界，营造出一种令人炫酷迷炫的时尚氛围，引领所有具备年轻精神的人群去感受那种血脉愤张的全新世界。所以这次活动的主题定位为："A－Space 创意空间体验之旅：新血来袭。"

这次活动中将未来零售店的概念运用于品牌营销，运用全新的公关传播新思维，更大胆践行未来汽车零售店的营销模式。同时，活动中将采用新媒体和传统媒体之间的跨媒体平台合作，为未来多媒体整合传播开拓新的方向。

（3）目标公众：直接受众为 220 家媒体记者及意见领袖，40 位意见领袖。间接受众为奔驰车现有客户；全新 A 级车目标客户：具有年轻、积极的心态，渴望自由，不追随，不盲从，有大想法并且勇于实践的都市人群。

（4）主要信息：全新 A 级车是最新的一款梅赛德斯－奔驰魅力车型，堪称紧凑车型市场中的标杆之作。全新 A 级车专为新生代人群打造，满足他们表达个性自主的生活态度，挖掘更多新的可能的需求。2011 年上海车展，全新梅赛德斯－奔驰 A 级概念车首次全球亮相，赢得广泛赞誉并屡获殊荣。时隔两年，众望

所归，全新 A 级车以崭新的活力和动感身姿，在上海车展正式登陆中国市场。全新 A 级车"新血来袭"，让人"怦然心动"，全新 A 级车将动感与力量灵动交织，将设计与品质完美融合，酷劲十足。作为梅赛德斯－奔驰新一代豪华紧凑车（NGCC）家族中的一员，全新 A 级车成为了奔驰对始终葆有年轻心态与激情的消费者专门打造的新生代车型，它超凡脱俗的设计和动感强劲的操控直击新生代消费者的心灵，让喜欢打破常规、开拓前卫生活方式的新生代为自己代言。

（5）传播策略：多角度传播。通过不同的角度诠释"新血来袭"的"A－Space 创意空间体验之旅"，实现传播角度的多元化。并通过不同层次的声音、方式代表不同的人群，全面、立体的报道整个活动。

（6）媒介选择：梅赛德斯－奔驰和 Powell Tate 的战略是充分利用多种社交媒体平台，并充分发挥包括中国名人和时尚明星在内的社交媒体意见领袖的网上影响力，以此宣传全新 A 级车的前卫个性。活动前与一些国内知名意见领袖合

奔驰高层	领域领袖	意见领袖	消费者
新闻稿 高层演讲 重点媒体采访	现场表演展示 嘉宾访谈	微博预热内容发布 现场微博撰写发布 后续内容发布	互动墙互动 现场活动参与 第一位全新 A 级车车主诞生

1. 给媒体提供全面的信息和交流的平台；
2. 邀请领域领袖和意见领袖以独特的角度来评述活动与品牌，更客观，更具公信力；
3. 通过时尚，艺术，高新科技等多种手段充分诠释全新 A 级车产品与理念的亮眼之处。

作，在全新 A 级车上市之前掀起了网络宣传热潮。之后，在活动中再次发起一场覆盖新浪微博、微信和视频共享平台的多角度网上传播活动，进行深入而精彩的报道。

新媒体方面：其设置了官方微信以及官方微博账号的现场直播，通过这两个当今国内最具影响力的社交网络平台与在场嘉宾和广大网友进行分享和互动。活动期间通过微信公共账号向广大微信订阅用户发送了多篇内容精彩并且深入的报道文章，并由此促进了微信订阅用户数量的可观增长；通过官方微博账号直播，与网友分享现场活动的亮点，制造网络讨论的热点话题。

传统媒体方面：这场活动邀请了 107 家报纸类媒体、35 家网络媒体、32 家电视媒体、37 家生活方式类媒体，8 家广播媒体，分别从不同的角度来报道活动。

报纸类媒体侧重于活动本身新闻性的报道；汽车类专业媒体侧重于全新概念车 "smart forvision" 的技术层面的报道；网络媒体鉴于网络媒体时效性强及辐射范围广的更多的则报道活动相关内容；电视媒体的相关报道通过视频的声画形式来反映活动的盛况；生活方式类媒体出刊时间较长，更偏重报道深度，所以更注重对全新 A 级车精神方面的传播。

意见领袖方面：其活动邀请了全国范围内契合全新 A 级车年轻、时尚、突破的品牌精神的意见领袖来参加活动并通过微博等渠道分享活动体验，大多为时尚、设计、艺术等方面的先锋人士。

项目执行：

（1）场地选择。A‐Space 创意空间体验之旅在上海车展前夕举办，活动场地选择在极具上海特色的思南公馆。思南公馆以花园式洋房为特色，融汇中西的设计，现代的建筑风格和 Art Deco 的踪影，饱含了浓重的人文历史底蕴，源远流长的建筑文化，见证了东方与西方、历史与现代的和谐融汇。正如全新 A 级车，源于百年经典，驶向对于未来的无限追求。

（2）活动分区设计。

1）签到处及音乐广角。

①签到处—使用 iPad mini 创建并注册每个人专属的 A 形象。

②体验全新 A 级车的动感声影。

2）艺术廊 Art installation。

①装置艺术区，追溯 A 级车的灵感源泉。

②通过多媒体演示，营造一个具有科技感的创意梦幻空间。

3）时光转角 Time Freeze Shooting。

①拍摄个人 180°3D 照片。

②嘉宾可获取现场拍摄的虚拟气动空间 gif 照片。

4）新 A 面对面 The A - Class showroom。

①两辆全新 A 级车展示在布满魔幻光影和声浪的空间内。

②用增强现实技术来解读全新 A 级车的细节设计。

5）怦然心动 Feel the pulse。

①全新 A 级车的澎湃之源——动力体验。

②互动式影音与照明设备体验。

6）灵感库 Design corner。

①现场体验梅赛德斯 - 奔驰车型的设计过程。

②自由交流区，与特邀嘉宾畅聊生活与汽车的时尚与设计。

（3）新媒体官方平台。新闻发布会开幕的数周前，我们首先建立了一个神秘的新浪微博账户，鼓励通过用户自己创造的内容来反映 A 级车的炫酷个性，并与生活方式意见领袖接触，以放大宣传声浪，促进品牌宣传。在持续数周的热度积累之后，神秘微博账户和全新 A 级车之间的联系终于在新闻发布会前夕公布于众，给了诸多网民一个惊喜。与此同时，我们还建立了微信群，以便精确地面向目标媒体和意见领袖并与之接触。

（4）意见领袖。我们与 14 位来自时尚、艺术等领域的意见领袖合作，邀请其参加了 180 度三维动画拍摄，并把自己的照片上传至奔驰官方微博账户。同时，为了达到更好的传播效果，我们把这些照片编辑成视频，上传至中国最大的视频共享网站优酷上去（链接：http：//v. youku. com/v_ show/id_ XNTM5NzI2OTI4. html）。

（5）二维码邀请函，个人专属定制毛巾。此次活动采用了创新的二维码邀请函。活动前事先录入嘉宾的个人基本信息，并将二维码发送至嘉宾的手机当中。当嘉宾来到现场只需出示二维码就可以完成签到，并将个人信息传递至 iPad mini 中的程序当中，完成活动流程所需要的个人角色设定。我们还事先为嘉宾准备了一份专属贴心的礼物——绣有嘉宾名字的毛巾。虽然是小小的创意，却体现出了举办方的用心与诚意，很多嘉宾对此爱不释手。

（6）嘉宾与媒体同奔驰高层对话。在活动现场的吧台是另一大亮点，梅赛德斯 - 奔驰的高管与嘉宾面对面接触，一起分享美味饮品。这一独特体验给嘉宾们带来了惊喜，他们没有想到能有机会与企业高管们如此近距离互动。

（7）VIP 派对。4 月 18 日晚，活动现场转变为一场狂欢派对，以庆祝全新 A 级车在华顺利上市。这场派对有 150 多位意见领袖和跨行业的品牌高管参加，并邀请了众多行业领袖以及明星嘉宾。此外，还有精彩的节目演出，让整个活动在狂欢中画上句点，并有助于在中国的精英当中为全新 A 级车建立良好的口碑。

（8）实施调整。根据活动场地实际考察情况积极调整场地设计、活动流程等各个方面。根据当前热议话题调整新媒体传播内容，以最新、最热门的角度，引起网民的关注。了解当前热门意见领袖，调整意见领袖邀请名单。

（9）项目进度。在保证活动顺利进行的前提下，严格控制资金预算，实现资金的最大化利用。根据以前的活动经验，在活动前期准备了一系列预备案以防止现场突发状况。活动中保持畅通的沟通渠道，协力解决现场突发问题。活动初期阶段积极询问嘉宾的意见，倾听反馈，以及根据新媒体平台的反馈，积极调整并准确把控后续活动的进行。

项目评估：

1. 效果综述

A - Space 创意空间体验之旅成功的举办，得到了社会各方面的良好反馈。活动本身气氛热烈，完美诠释了活动主题，多种多样的互动形式令现场嘉宾参与热情飙升，对新媒体的全新应用进一步扩大了活动的影响力和号召力。此外，本次活动也为全新 A 级车在上海车展的上市起到了良好的预热作用。

2. 现场效果

共有 219 家全国、地区、网上、汽车和生活媒体和 37 位意见领袖愉快地参加了 A - Space 创意空间体验之旅活动。总体参与率惊人之高，超过了 97%。

参与本次活动的媒体、意见领袖、经销商和客户给予了大量的积极反馈，他们从中获得了独特难忘的体验，并在轻松的氛围中与梅赛德斯 - 奔驰的高管近距离接触，从而愉快地了解了 A 级车的产品特性。

"和老一代 A 级车相比，新款 A 级车是突破新生的一代车型。它展现了梅赛德斯－奔驰的热情和雄心，帮助它在众多豪华车品牌当中脱颖而出。"

——韩寒（中国最受欢迎的作家之一，也是一名赛车手）

"对新生代来说，全新 A 级车是如此炫酷的一款车。感谢 A－Space 创意空间体验之旅，它让我们对今天的青年人羡慕不已。"

——瘦马（时尚传媒集团出版副总）

3. 市场反应

本次活动通过传统媒体与新媒体的全面报道，将全新 A 级车所蕴涵的新生代生活理念诠释得淋漓尽致，在传播的广度、深度、创新方面都堪称为当代媒体公关案例的范本，在社会上引起了广泛的好评。

最后，销售数据（公关活动通常并不衡量这一重要的指标）也表明本次活动大获成功。本次活动的最后一天向消费者开放，并在当天售出 8 辆车全新 A 级车。

4. 媒体统计

媒体发表率和曝光率也极其喜人。截至本文发稿时，本次活动换来了 447 篇媒体报道。另有 16 篇广播报道。

对于本次活动，新媒体传播是总体传播战略的关键部分。在数字媒体领域，本次活动为品牌建立了新的网上粉丝群体，新浪微博上有 134 份相关帖子得到了5400 多万次显示，使之成为新浪微博历史上最成功的系列微博之一。

与此同时，我们通过微信这一新的热门社交媒体平台发布了 17 条新颖并有吸引力的消息，由此吸引了 338 名新的订阅用户，这一资源在 A 级车活动之后仍将继续发挥作用，支持梅赛德斯－奔驰未来的品牌建设活动。

这次活动还直接接触了 50 多位社交媒体意见领袖，由此成功地在中国消费者当中掀起网上宣传热潮，并提高了他们对全新 A 级车的意识和热情。

案例点评：

我们常说成功的公关策划是"做好"与"说好"的完美结合。"做好"为前提，"说好"是基本。2013 年梅赛德斯－奔驰全新 A 级车的媒体发布会是一次推动新品上市的公关活动，也是一场营销活动。公关如何配合营销"做好"并"说好"？梅赛德斯－奔驰全新 A 级车发布会的实践，有许多可圈可点之处。

"选择价值"是营销的首要，即要明确目标市场、产品定位，界定合适的消费领先者，分析他们有谁、是谁，在什么地方。梅赛德斯－奔驰全新 A 级车面向的是极具活力和激情，喜欢表现个性的"年轻心态"的时尚消费者。依据生活方式细分市场并定位"炫酷"车型，是一个很好的选择。潜在顾客大都受过高等教育或有留学经历，主要生活在一二线城市。选择中国最具国际色彩的城市上海举办发布会，可为彰显定位画龙点睛。因为这里充满了中西方文化的冲击，也是中国的奢侈品之都，市场潜力巨大。在这里，"做好"就是既要辅助营销"选择价值"，又要能够指导公关清晰推广对象。

"做好"还要"说好"，以合适的方式与合适的目标人群沟通，触动和"引爆"兴趣点，为他们提供与产品及其定位匹配的体验，即主导营销"传播价值"并充分发挥公关的独特效应。这次活动的主题为"A－Space 创意空间体验之旅：新血来袭"，场地选择融合中西设计、极具上海特色的思南公馆，借助其丰厚的人文历史底蕴，以象征全新 A 级车"源于百年经典"驶向无限未来的追求。A－Space创意空间体验之旅为参与者提供了一个表达个性的平台，一同探索和感受全新 A 级车动感激情的生活方式。尤其是考虑到产品的前卫个性和目标受众的媒体接触习惯，充分利用多种社交媒体，发挥包括名人、时尚明星等的网上影响力，形成微博、微信和视频共享等"全覆盖"的网上传播与互动，并与传统媒体、专业媒体的所长"无缝衔接"，相得益彰。

总而言之，公关在营销"选择价值"的过程中，要善于辅助营销"做好"；在营销"传播价值"的时候，要长于主导营销"说好"。这些看似是一般常识，但能做到极致就是创新，便是更好。

点评专家：钟育赣

广东外语外贸大学教授兼国际工商管理学院院长

中国高等院校市场学研究会副会长

中国国际公共关系协会学术工作委员会委员

戴尔"激发无限"品牌推广活动

执行时间： 2012 年 9 月至今

企业名称： 戴尔（中国）有限公司

品牌名称： 戴尔

获奖情况： 2013 最具公众影响力十大公共关系事件

项目背景：

戴尔"激发无限"品牌推广活动于 2012 年 8 月在中国启动，旨在利用戴尔

自身的全方位企业解决方案和服务提供商帮助中国客户实现目标。"激发无限"汲取了戴尔业务理念的精髓。自成立伊始，戴尔就相信，只要人们能够快速、直观地获取所需要的技术，一切便皆有可能。戴尔希望能够激发并改变人们生活、工作以及娱乐的方式。正如人们所看到的，真正的解决方案能够帮助客户解决困扰他们的问题、追寻他们的梦想——这不仅仅体现在工作方面，更深入到日常生活之中。

通过"激发无限"品牌推广活动，戴尔向广大中国客户充分展示了一家传统老牌"PC 制造商"经过几年的转型，如今在提供端到端企业解决方案及服务方面的强大实力。戴尔的品牌形象在中国各行各业的客户群中发生了巨大的转变。

项目调研：

戴尔进入中国已经有 15 年之久，从曾经的全球第一 PC 制造商，到近年来的转型，戴尔已经逐步成为整体解决方案及服务提供商。

根据戴尔最新财报显示，戴尔在服务器、服务及网络业务方面均实现了增长。其中企业解决方案和服务营收方面同比增长 6%，贡献了超过一半的毛

利润。

根据 IDC 报告显示，2013 年第二季度，戴尔 x86 服务器以 24.2% 的市场份额成为亚太地区第一，出货量连续第五季度保持大中华区市场第一。

我们希望通过戴尔"激发无限"品牌活动在中国的推广，让更多的中国用户了解到今天不一样的戴尔，一个从"传统 PC 制造商"向"IT 整体解决方案提供商"转型的戴尔。也让大家看到戴尔一直以来对中国及中国客户的承诺不曾改变。

项目策划：

（1）目标：让中国客户了解现在的戴尔，改变戴尔的品牌形象——从传统 PC 制造商转变为整体的端到端 IT 解决方案及服务提供商。

（2）策略：结合线上（微博、博客等）与线下的活动（戴尔高峰论坛，圆桌论坛，CSR 相关活动等），邀请各行业领袖及全国

的媒体参与其中，推广戴尔的 IT 解决方案及服务为客户激发无限潜能并取得进一步成功的案例，建立戴尔全新的品牌形象。

（3）目标公众：戴尔中国客户。

项目执行：

第一阶段：戴尔"激发无限"品牌推广活动于 2012 年 8 月开始在中国启动，于 2012 年 11 月在北京举办了"戴尔（中国）高峰论坛"，邀请了百余家媒体及客户。戴尔高层的现场讲解及现场解决方案演示，不仅首次面向中国群众及客户展示了戴尔转型以来在提供整体解决方案的实力，也承载了戴尔对中国客户的承诺。

随后，戴尔就当今 IT 行业的热门话题"制造业与供应链"及"云计算"在广州和成都举办了两场 Think Tank 行业领导力圆桌论坛，邀请国内业界领袖深入探讨相关方面的现状及未来发展趋势，同时通过媒体及互联网宣传，引来各行业相关群体的关注。

第二阶段：通过从第一阶段取得的经验并获得显著成效的基础上，戴尔"激发无限"品牌推广活动于 2013 年 3 月启动第二阶段。除了保持第一阶段的媒体宣传活动，也将 Think Tank 领导力圆桌论坛带到更多城市分别就教育和互联网方面的 IT 现状和趋势进行了深入探讨。

在两个阶段的品牌推广活动过程中，戴尔公司创始人及 CEO 迈克尔·戴尔先生先后三次携公司高层造访中国。2013 年 3 月，戴尔董事会首次在美国以外的地方召开，来到了中国上海；同年 6 月，迈克尔·戴尔先生来到成都参加了全球财富论坛，并宣布戴尔成都全球运营基地正式投产；前不久，戴尔高峰论坛也第一次来到中国，在北京举办，吸引了来自亚太区的媒体及客户前来参与。期间，戴尔先生亲自向中国的媒体朋友及客户讲解了戴尔公司转型的历程。通过媒体、线上及线下活动的宣传，进一步推动了戴尔品牌形象在中国的转变，让中国群众和客户看到了不一样的戴尔。

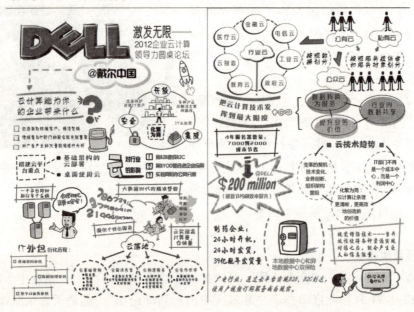

同时，戴尔也计划与今年年底正式启动"激发无限"品牌推广活动的第三阶段。继续推动戴尔品牌形象在中国的转变。

戴尔在推动自身品牌转型的进程中，也履行了对中国的企业社会责任。戴尔公司希望通过信息通讯技术，让中国的青少年从个人和职业的角度都能够为未来做好准备，获得并了解如何使用这些工具从而带来新的机遇，为中国的青少年"激发无限"。2012 年，戴尔再次联手青基会在全国 18 个省市自治区的 40 所学校启动 Scratch 项目，为超过 30000 名来自欠发达社区的学生提供免费的编程培训，为他们提供一个与世界先进教育接轨的平台。

通过对"中华健康快车"，既中国唯一流动的、专门从事慈善医疗活动的眼科火车医院的资金及技术支持，戴尔秉持着积极行使企业社会责任的精神，帮助着"中华健康快车"将光明带给更多人。

这一步步的举措，也使戴尔获得了中国大众的肯定，其中戴尔于今年 4 月连续第二年获得了由我国民政部颁发的"中华慈善奖"。

项目评估：

戴尔"激发无限"前两个阶段的品牌活动，通过与全国 500 余家媒体、60 多名业界领袖及 40 余家客户的合作，在重要活动、客户案例展示及网上互动等形式的推广活动中，共产生了 4600 多篇媒体文章，其中有 92% 来自国内一线媒体的报道聚焦戴尔转型及解决方案。微博及博客参与数达到上万人次。

案例点评：

谈及戴尔，我们最容易想到的往往是那个与客户通过互联网直接沟通、并经由大规模定制营销创造的奇迹，一个"贴心服务"的曾经全球第一的 PC 品牌和制造商形象，这是一笔丰厚、珍贵的品牌资产。然而今天，戴尔已由"传统 PC 制造商"向"IT 整体解决方案提供商"转型，迫切需要以新面貌展现于世人。如何让人们感受到一个已经"不一样"，同时又一直"我心依旧"的戴尔？更新甚至矫正公众的有关认知，显然是极其重要的战略任务。

依据公关目标的要求，"激发无限"品牌推广活动通过策划和执行一系列项目，颇具匠心地沿着两条线索，相辅相成地诠释了戴尔新形象的关键信息：

（1）"今天不一样的戴尔。"2012 年 11 月戴尔在北京举办"戴尔（中国）高峰论坛"，首次向中国公众展示戴尔提供整体解决方案的实力；随后就 IT 行业的热门话题"制造业与供应链"及"云计算"，在广州、成都举办行业领导力圆桌论坛；2013 年 3 月，圆桌论坛分别进入更多城市……公司创始人、CEO 迈克尔·戴尔，先后三次携高层造访中国，亲自向媒体及客户讲解转型历程。通过媒体、线上及线下活动的传播，推动公众和客户对戴尔形象的新认知，看到"不一样的戴尔"。

（2）"一直以来承诺不变的戴尔。"这次活动不仅要推动品牌认知"与时俱进"，还要表达戴尔的"我心依旧"，植入戴尔积累多年的品牌"基因"。所以还有 2012 年再次联手青基会启动 Scratch 项目，通过现代信息技术提供与世界先进教育接轨的平台，帮助欠发达社区学生了解和掌握这些新工具、新机遇；通过资金和技术，帮助"中华健康快车"——中国惟一流动的、专门从事慈善医疗的眼科火车医院，将光明带给更多人……戴尔也因此获得了更多公众的肯定，并于2013 年 4 月连续第二年获由民政部颁发"中华慈善奖"。

　　活动达到了预期的效果。500 余家媒体、60 多名业界领袖和 40 余家客户的介入，4600 多篇媒体文章以及上万人次的微博、博客参与，帮助公众和客户认识到了一个"不一样"而又"我心依旧"的戴尔。当然，如果将直接的目标公众界定得更具体、更明确一些，公关的传播效果也就可以更集中、精准一些。

点评专家：钟育赣

广东外语外贸大学教授兼国际工商管理学院院长

中国高等院校市场学研究会副会长

中国国际公共关系协会学术工作委员会委员

China's Most Influential Public Relations Case Studies in 2013

Most Influential Public Relations Case Studies in 2013

China's Most Influential Public Relations Case Studies in 2013

China's Most Influential Public Relations Case Studies in 2013

2013 最具公众影响力企业社会责任案例

郑州日产牵手工程·志愿我先行

执行时间： 2013 年
企业名称： 郑州日产汽车有限公司
品牌名称： 牵手工程
获奖情况： 2013 最具公众影响力企业社会责任奖

项目背景：

在国家助学政策日益完善的今天，部分家庭经济严重困难的学生在接受到政府的暂时资助后，还是无法支付四年高昂的大学生活费，甚至有部分学生因此面临失学。目前在我国高校在校学生中，贫困生的比例近 30%，特困生比例占10%，多数贫困生来自单亲、多子女、失业、疾病或丧失劳动能力等家庭。为了帮助更多贫困学子顺利完成大学学业、实现梦想，郑州日产于 2010 年启动了牵手工程，计划在 2010 ~ 2014 年 5 年内，每年向郑州慈善总会捐赠不少于 300 万元人民币，累计不少于 1500 万元人民币，用于对全国贫困大学生、孤残儿童等困难群体的专项帮扶。

1. 物质精神双重帮扶贫困学子

贫困学子属于一个特殊群体，特殊的生长环境让他们容易在和同龄人相处时出现自卑、孤僻、内向的问题，这种情绪会在日后的求职就业中对他们造成一定阻碍。针对这样一个特殊群体，郑州日产一直秉承"授人以鱼不如授人以渔"的观念，除了在物质上直接给予资助，还在精神上帮助学子健康成长。在 2010年 ~ 2013 年的牵手工程系列活动中，郑州日产通过开展学子回访、就职讲座、心理辅导、公益人士演讲、参观车展和工厂、公益夏令营等活动，拓展学生眼界，帮助学生培养积极健康的心态，并对学生的成长进行切实引导。

2. 搭建平台助力学子传递爱心

为了从精神上更深层次的帮助学子，让受助学子更多地参与到社会公益中，并在公益时间中打开心扉、实现价值、表达感恩，2013 年牵手工程在微博上和线下开展了一系列以"志愿我先行"为主题的活动："阳光助学"、"爱心 1 + 1"

以及即将举行的"牵手暖冬",线下活动先后在郑州、青海、北京、成都等地举行,线上活动面向全国范围内的贫困大学生。让学子们在公益活动中将企业给予他们的爱心传递给孤残儿童、山区小学孩子们、孤寡老人们等更多社会需要帮助的群体,把感恩化作行动,实现爱心的有效传递,形成良性公益循环。同时也可以让受助学生了解到这个社会有更多需要帮助的人群,更深层次的理解公益,以坚强、有爱的态度去面对人生。

项目调研:

以下是主流车企社会责任项目分析:

车企	CSR 项目名称	关注范围
日产中国	青少年交通安全知识竞赛	各地区青少年
	中国农民工子女关爱行动	目前以北京地区农民工子弟为关注对象
一汽丰田	无	综合性公益事业,围绕"安全、环保、育人"开展系列社会公益活动
现代中国	中国荒漠化防治	内蒙古查干诺尔,每年召集企业员工及外部志愿者往内蒙种植沙蓬
北京现代	"车教助学"公益捐赠活动	向贫困地区捐赠电脑等教学设备
雪佛兰	红粉笔乡村教育计划	招募志愿者为乡村小学支教
奔驰	奔驰星愿基金	综合性公益事业,针对自然环保、文化艺术、体育事业、驾驶文化以及社会关爱等五大领域开展工作
宝马	宝马爱心基金	围绕文化促进、教育支持、社区关爱、环境保护等领域开展一系列企业社会贡献活动
奥迪		涉及公益、环保、教育、社区关爱等多个领域

以下是牵手工程·志愿我先行可行性分析:

(1)主流车企缺乏针对贫困大学生的专项教育公益项目。综合上述调研资料发现,目前主流车企企业社会责任项目虽然涉及环保、教育、人文关爱等多个领域,但救助人群以青少年为主,并无针对贫困大学生的特定救助项目。因此,郑州日产选择贫困大学生为帮助对象开展企业社会公益活动,目标明确,可实施性极强,并且填补了企业开展社会责任活动的空白年龄层。

(2)主流车企教育公益项目缺乏对受助对象的多层帮扶。主流车企在针对青少年和贫困大学生的公益活动中,除了单纯的物质资助和交流互动外,缺乏对受助学子在精神和物质双重的系统帮扶,而且在鼓励受助对象自立自足、并把爱心传递下去方面欠缺。郑州日产牵手工程 2013 年提出的"志愿我先行"的公益理念就是为了弥补这种不足,对受助对象的长期成长、心灵健康方面给

予全面帮扶，并鼓励受助学子参与公益，成为公益的一份子，形成良好的公益循环。

项目策划：

集结全社会的力量，形成人人公益氛围。

1. 活动目标

（1）通过社会公益项目，增加郑州日产企业和产品的曝光率，提高关注度。

（2）郑州日产在公益领域持续性亮相，打造郑州日产公益品牌，塑造良好的企业公民形象。

（3）持续支持教育公益事业，奠定郑州日产在公益领域的地位。

（4）借助郑州日产公益微博平台发起公益活动，引发更多人的慈善意识。

2. 目标公众

核心受众有贫困大学生、普通网友、学生群体、郑州日产车主和潜在消费者。其他受众有郑州日产股东方和郑州日产合作伙伴。

3. 主要信息

（1）关注教育公益、持续资助学子——作为郑州日产固定化的公益项目，郑州日产"牵手工程·阳光助学"活动已经连续开展三年，2013年已是第四个年头。一直以来关注教育公益事业，积极帮扶困难大学生的行动，体现郑州日产公益慈善的系统化、常态化、持续性。

（2）搭建志愿平台、激发感恩美德——针对社会上缺乏公益平台的现状，郑州日产利用自身资源搭建公益平台，营造公益氛围，呼吁受助学子积极参加社会公益活动，让学子在做公益、献爱心的过程中激发感恩情怀，从精神上帮助学子塑造感恩品格、积极向上健康成长。

4. 媒介选择

平面媒体：全国和重点区域主流综合类、公益类、教育类、社会类媒体。

电波电视：全国和区域类电视电波媒体。

网络媒体：门户网站，汽车垂直网站，新浪微博、百度贴吧、论坛等新媒体。

5. 传播策略

（1）线上线下传播配合，"预热+直播+回顾"组合延长传播期。

为了最大限度延长活动传播期，提高活动声量，在牵手工程活动执行前期，通过网络、微博、广播等传播方式对活动进行预热和志愿者招募；在活动执行期间利用微博直播、广播连线、媒体邀请等方式对活动进行直播；在活动完成后期通过媒体进行自发报道，深度阐述活动意义，并利用微博平台进行活动图片和活动状况的回顾，生动还原活动现场情况。

（2）贴合公益活动特质，采用新媒体微博平台，实现"人人公益"。

郑州日产利用新型社交媒体形式——微博，其传播速度快、传播范围广、影响力大等特点，通过官方公益微博"@郑州日产公益伙伴"发起互动活动、话题讨论和参与平台，给受助大学生和普通的网友、大学生提供志愿平台，并将郑州日产公益理念传递更多人。利用简单易操作的微博活动互动形式让所有的网友都能参与进来，为公众奉献自己的爱心提供快速、便捷的渠道，让公益事业不再高高在上，而是人人都可以参与。

项目执行：

线上活动互动号召，线下活动公益实践。

1. 线下活动——2013 年牵手工程活动简介

（1）资助小白鸽义工队支教活动——2013 年 7 月 8 日至 2013 年 7 月 22 日，郑州日产全程支持赞助郑州大学小白鸽义工队"感恩支教"项目，40 多名志愿者们为河南省信阳市、焦作市的贫困小学，以及青海省玉树州杂多县萨呼腾镇九年一贯制学校提供支教服务。

（2）"阳光助学"受助学子敬老活动——2013 年 7 月 29 日，郑州慈善总会和郑州日产共同发起的"志愿我先行"活动中，郑州日产"阳光助学"的 12 名大学生前往郑州市爱馨阳光城老年服务中心，开启了为期一周、每天 8 小时的敬老、助老活动。

（3）牵手工程启动暨"阳光助学"捐赠仪式——2013 年 8 月 13 日，在郑州日产总部举行的"感恩相伴，志愿我先行"——郑州日产 2013 牵手工程启动仪式暨阳光助学捐赠仪式上，郑州日产再次向郑州慈善总会捐赠 300 万元，用于今年的牵手工程系列活动，郑州日产还向 300 名即将步入大学的贫困学子发放每人5000 元的"阳光助学"爱心助学金。

（4）"爱心 1 + 1"走进北京市农民工子弟中学—— 2013 年 10 月 16 日，郑州日产组织"爱心 1 + 1"的受助学子和普通的大学生志愿者，前往北京市大兴区农民工子弟学校蒲公英中学进行志愿支教活动，将社会给予的爱心传递给农民工子弟。

（5）"爱心 1 + 1"走进成都市聋哑特殊学校——2013 年 10 月 29 日，郑州日产将组织"爱心 1 + 1"在四川省内的受助学子和大学生志愿者，前往成都市新都区举行关爱聋哑特殊儿童活动，将通过手工互动课的形式，与他们进行友好互动交流。

（6）"爱心 1 + 1"走进郑州市农民工子弟小学——2013 年 11 月，郑州日产将组织"爱心 1 + 1"曾经资助并在郑州市高校就读的大学生志愿者去往郑州市德全农民工子弟小学进行环保手工互动志愿活动，学生及志愿者收集身边的废弃物品，自己动手制作出新的手工艺品。

2. 线上活动——2013 年牵手工程系列微博活动简介

（1）#阳光助学·志愿我先行#活动——2013 年 7 月 8 日 ~ 7 月 31 日，@ 郑州日产公益伙伴官方微博开展#阳光助学·志愿我先行#号召活动，呼吁广大网友从身边做起、从小事做起，利用空闲时间前往儿童福利院、敬老院进行志愿服务。

（2）#志愿我先行·爱心召集#活动——2013 年 8 月 1 日 ~ 8 月 11 日，@ 郑州日产公益伙伴 官方微博举行#志愿我先行·爱心召集#互动抽奖活动，呼吁参与者通过留言、私信等方式留下自己的一句话公益宣言，表达对郑州日产公益活动的支持。

（3）#爱心 1 + 1·志愿我先行#活动——2013 年 9 月 23 日，@ 郑州日产公益伙伴 官方微博继 2011 年、2012 年之后再次启动"爱心 1 + 1"第三季，寻找 40 名需要资助的学子，送出每人 5000 元的助学金。

（4）#爱心 1 + 1·志愿从心启动#活动——2013 年 10 月 16 日，@ 郑州日产公益伙伴 官方微博启动#志愿从心启动#活动，呼吁网友分享自己的公益故事和手绘的爱心图案，用最简单的方式做公益。

3. 重点活动详述——"阳光助学·志愿我先行"活动

（1）核心信息。关注教育公益、持续资助学子——自 2010 年 5 月启动以来，郑州日产牵手工程已经走过了 3 个年头。在每年牵手工程启动的同时，专注于救助贫困大学生的"阳光助学"行动也拉开帷幕。截止目前牵手工程已累计捐出近 1000 万元，救助学子达 4500 多名，今年爱心活动将定期启动，继续向郑州慈善总会捐赠 300 万元用于帮助贫困学子，保证公益活动的持续性和常态化。

提供志愿平台、激发感恩情怀——郑州日产利用自身资源，为受助学子提供志愿活动的平台，通过线上呼吁学子参加公益，线下组织学子进行实践。通过营造感恩的氛围，让受助学子有机会去传递爱心，在奉献的过程中学会感恩，塑造自己感恩的品格。

（2）活动规划。

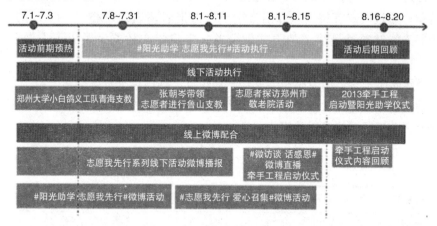

（3）活动亮点。"志愿我先行"微访谈：2013年8月13日，在"感恩相伴，志愿我先行"——郑州日产2013牵手工程启动仪式暨阳光助学捐赠仪式上，郑州日产总经理郭振甫、郑州慈善总会会长武国瑞、国家级心理咨询师冀未来教授、著名公益人士张朝岑、在场的受助学子以及微博平台上的网友多方进行了热烈的微型访谈会，各方共同就今年的牵手工程主题"志愿我先行"，以及"感恩"、"责任"进行深度讨论。#志愿我先行·爱心召集#活动——2013年8月1日－8月11日，@郑州日产公益伙伴 官方微博举行#志愿我先行·爱心召集#互动抽奖活动，呼吁通过留言、私信等方式留下自己的一句话公益宣言："志愿我先行，"，表达对郑州日产公益活动的支持。近200多名网友纷纷发表创意宣言，包括"从小事做起"、"我们在行动"、"牵手传爱心"等，用最简单的方式参与活动并表达了对公益的支持。

（4）媒体策略。为了扩大牵手工程活动影响力，将牵手工程打造成面向全国贫困学子的公益活动，牵手工程启动仪式邀请全国和河南当地的媒体共同参与。针对公益活动的特殊性，牵手工程启动仪式邀请"平面＋电视＋电台＋网络"多种类型媒体，让公益活动通过各种触媒形式传递给受众。为了让媒体不仅是见证者更是参与者，牵手工程启动仪式邀请核心媒体共同加入"微访谈"，从媒体角度探讨公益模式、发表见解。

4. 重点活动详述——"爱心1＋1·志愿我先行"活动

（1）核心信息。

关注教育公益、持续资助学子——作为郑州日产"牵手工程"重要组成项目之一的"爱心1+1"活动，连续开展三年，体现着郑州日产公益慈善的系统化、常态化，持续性。

打造新型平台，形成人人公益氛围——郑州日产持续利用微博平台开展公益活动，通过网友支持公益和困难学子自由报名，达到爱心"1+1"的效果，让普通人能够通过最简单的方式做公益，搭建爱心桥梁，形成人人做公益的氛围。

搭建志愿平台、激发感恩美德——郑州日产利用自身资源搭建公益平台，呼吁受助学子积极参加社会公益活动，让学子在做公益的过程中激发感恩情怀，从精神上帮助学子塑造感恩品格。

（2）活动规划。

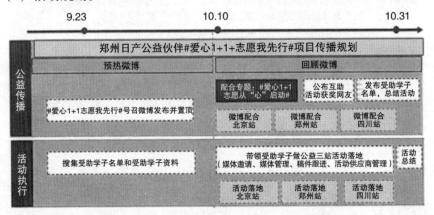

（3）活动亮点。"爱心1+1"走进北京市农民工子弟中学——2013年10月16日，郑州日产组织"爱心1+1"的受助学子和普通的大学生志愿者前往北京市大兴区农民工子弟学校蒲公英中学进行志愿支教活动。在这次活动前期的志愿者招募中，40名大学生踊跃报名。在当天的音乐公开课上，志愿者在慷慨激昂的进行曲当中带领学生们进行打节奏练习，用活泼趣味的教学方式激发起了学生的学习兴趣，最后学生们亲自在"爱心卡片"书写下祝福语并赠送给志愿者表示感谢。学生、志愿者、工作人员和媒体共同加入到了这堂音乐课当中，进行了友好的互动，活泼的气氛和志愿者们积极的表现赢得了校方的赞扬。

（4）媒体策略。大胆采用新媒体发起活动，利用微博传播的优势，在全国继续寻找40名贫困大学生。线上招募呼应线下活动，利用微博发起线下活动招募通知，让消息迅速抵达目标人群。活动媒体邀请采用"传统媒体＋新媒体"的组合，促使活动在多种渠道传播。

项目评估：

网友志愿者热烈参与，媒体大幅正面报道。

1. 项目效果综述

从 2010 年开始至今，牵手工程已经投入近 1300 万元，救助学子近 5000 名。这些学子遍及全国各地，有些已经成功走上工作岗位，成为社会的栋梁之才，有些还在大学就读，品学兼优。在此次牵手工程系列活动的前期招募和落地活动中，大学生志愿者积极参与其中，"阳光助学"系列线下支教、敬老、探访留守儿童等，共有 50 多名志愿者参与其中；"爱心 1 + 1"系列线下支教、关爱特殊儿童活动共收到近 100 名志愿者的报名参与。

2. 网友媒体反馈

（1）媒体反馈。参与线下活动的近 50 名全国和区域媒体在见证爱心传递并亲身参与到活动的过程中，大部分对公益活动新颖形式、活泼感人的氛围所感染，多数媒体记者参加完活动之后都表示"志愿我先行"系列活动，让郑州日产的公益不再是一个企业的事业，而成为了全社会的公益事件。

《中国教育报》记者：郑州日产此次的爱心支教活动不仅给受助大学生志愿者提供了很好的公益施展平台，也增强了公众的公益意识，让更多人了解到郑州日产的公益理念，并切身参与其中，郑州日产这样的行动比单纯自己做公益更有价值。

《新京报》记者：通过参加郑州日产蒲公英中学支教活动，我们不仅参观到了该校学生与各行业志愿者共建的美好校园，还感受到了郑州日产在公益事业上超越任何仪式的切实行动。我们也会不断参与报道，继续传递这份温暖。

（2）微博支持。

原装更好：有爱心的活动我是不会错过的！

紧紧相同：既然是如此的给力，那么我当然是要参与的了。

旦夕朝 mu 暮：好活动我是要参与啦。

烟雨 de 良辰：公益并不遥远，就在你的身边！！！我们一起参与吧。

用户 3662534747：支持你们哦！谢谢小编给我们带来这么好的礼物！希望微博人气越来越高，给你一些泡泡，里面全是幸福。

小 ma 儿快跑：好活动值得支持下呢

皇家丑儿：我也来踊跃参加！

3. 媒体发布统计

目前，2013 牵手工程共计举行：牵手工程启动暨阳光助学启动仪式、资助郑州大学小白鸽义工队青海支教活动、组织受助学生进行助老活动、"爱心 1 +

1"走进北京市农民工子弟学校、"爱心1+1"走进成都市聋哑特殊学校5次线下活动，开展5个微博线上互动活动，共计50多家参与活动，150多家全国和区域的平面、网络、电视、电台媒体进行了报道。

（1）报道统计：平面、网络、电视、广播共计发布203篇（条），其中平面33篇，网络104篇，电视广播22条，微博42条，广告价值高达8521082元。@郑州日产公益伙伴共发布93条牵手工程系列配合博文，共获得9029人次关注，2449次评论。期间有46位微博红人主动转发传播，活动期间粉丝数新增5544人。

（2）报道标题：

感恩支教，公益我先行 ——郑州日产支持郑州大学小白鸽义工队支教项目启动。

爱心传递，志愿我先行——郑州日产"阳光助学"学子走进郑州市老年服务中心。

"行志愿、话感恩"郑州日产牵手工程300万再助学子。

郑州日产"爱心1+1"：20万元助力学子，感恩支教传递爱心。

案例点评：

当今公益捐助项目已经成为许多企业品牌经营和形象提升不可或缺的策略选择。企业赞助教育、帮扶贫困学生已经不是什么新鲜事了。但是，能够将公益捐助贫困学生完成学业，与关怀其人格健全、培养贫困学生的感恩之心和社会清怀相结合，让学生在学习知识同时，应用所学，通过参与社会服务行动，传递爱心，回馈社会。从物质和精神层面扶贫帮困，这无疑是企业支助教育公益项目理念质的飞越和提升。

郑州日产于2010年启动了牵手工程，计划在2010～2014年5年内，每年向郑州慈善总会捐赠不少于300万元人民币，累计不少于1500万元人民币，用于对全国贫困大学生、孤残儿童等困难群体的专项帮扶。秉承"授人以鱼不如授人以渔"的观念，除了在物质上直接给予资助，还在精神上帮助学子健康成长。

郑州日产公司决策者显然以"社会企业"定位自身，将企业运营资源，特别是公益活动预算纳入企业经营成本，转化为"社会企业基金"，透过社会企业所衍生的"社会效益"乘数效果，扩大改善社会问题，促进总体社会效益与企业正面形象资产，达成多赢及多重综效的崭新社会公益模式。实现郑州日产公司公益慈善事业的系统化、常态化及可持续性。

敏锐洞察，分析到位，目标明确，定位精准，是本项目的亮点和成功之处。一个成功的社会公益项目，必须建立在前期深入调研分析和敏锐洞察基础之上。项目策划者在深入对比分析主流车企的社会责任项目后，敏锐地发现贫困大学生群体帮扶缺失，扶贫多局限于物质捐助而精神关爱帮扶缺乏，导致受助群体生命周期全程关爱缺失，深层次的人格教育、精神层面扶持缺位。而这又是更具有深远影响意义的帮扶。为此，将本项目精准定位为物质精神双重帮扶贫困大学生，搭建平台助力爱心传递。目标设定为通过本项目提高企业关注度；打造郑州日产公益品牌，塑造良好的企业公民形象；奠定郑州日产在公益领域的地位。

活动设计环环相扣，线上线下活动互相呼应。活动具体安排较为周密细致，保证了项目成功落地。郑州日产利用自身资源，为受助学子提供志愿活动的平台，"阳光助学·自愿我先行"、"爱心1＋1·志愿我先行"等系列活动，均利用了线上活动互动号召，扩大活动影响力和号召力；线下活动公益实践。组织贫困受助大学生参与系列公益活动，传递爱心。活动安排从2013年7月启动至10月底结束，周密布局，组织得当，环环相扣，使这项公益活动得以圆满落地执行，达到了预期目标。

全方位整合传播，开拓了微博公益新平台，成为本项目创新点所在。通过网络、微博、广播、媒体专访等传播方式对活动前期预热、中期执行、后期总结回顾等进行全方位整合传播，延长了传播期，扩大了活动声量。其传播策略采用线上线下传播配合，传统媒体＋新媒体整合运作。充分利用郑州日产的官方微博平台，为公众奉献自己的爱心提供快速、便捷的渠道，形成了"人人公益"氛围，实现了舆论影响最大化、活动投入产出比最大化的双重效应。

郑州日产公司通过"牵手工程·志愿我先行"系列公益活动的成功探索，成为行业社会公益模式创新的先行者。当然，说到项目的不足，笔者认为在活动统筹方面还需要更好的协调运作与更具创意的设计。活动志愿者征集上还略显面窄势单；在引领、倡导车企全行业承担企业社会责任，形成合力，提升公益理念方面还大有可为。

点评专家：杨丽萍

广西财经学院财政与公共管理学院公关系主任、副教授

霍尼韦尔"卓越科学与工程计划"携手
诺贝尔奖得主走进上海交通大学

执行时间： 2012 年 10 月 25～26 日

企业名称： 霍尼韦尔（中国）有限公司

品牌名称： 霍尼韦尔（中国）有限公司

获奖情况： 2013 最具公众影响力企业社会责任奖

项目背景：

霍尼韦尔"卓越科学与工程计划"项目是霍尼韦尔家园建设计划（Honeywell Hometown Solutions）中的一个重要组成部分，与中国、美国、瑞士、印度、捷克、墨西哥的 12 所顶尖高校合作，通过诺贝尔奖获得者的校园系列讲座、专项创新奖学金以及由霍尼韦尔针对工程类学生打造的课程等活动，把教学和行业应用紧密联系，为学生创造与工业界顶尖技术专家以及诺贝尔物理学和化学获奖者近距离沟通交流的机会，从而激励和培养未来的科学家和工程师们。参与该项目的师生将亲身感受如何把科学和工程与商业需求和运用紧密联系，创造更加美好的世界。

霍尼韦尔"卓越科学与工程计划"项目在中国的部署是建立在霍尼韦尔中国与北京航空航天大学、上海交通大学等知名学府长期战略合作关系的基础上。

在中国，霍尼韦尔继 2011 年在北京航空航天大学正式推出"卓越科学与工程计划"并邀请 1997 年诺贝尔物理奖得主克劳德·科恩·坦诺奇教授发表了题为《原子激光操纵》的演讲后，于 2012 年 10 月携手 2005 年诺贝尔物理奖获得者托奥多尔·汉什教授走进上海交通大学。

项目调研：

我们生活在一个风云变幻的时代，面临日益艰巨而复杂的挑战。为了从容应对这些挑战，未来的科学家和工程师仅仅拥有"技术和技能"是远远不够的，他们还需要对市场有精准的了解，从而设计出能满足社会真实需求的经济实用型解决方案，让消费者感到物有所值。

为此，霍尼韦尔推出"卓越科学与工程计划"，专注于自然科学与数学教育领域的发展。霍尼韦尔卓越科学与工程计划以霍尼韦尔在安全、安防及能源方面的开创性研究为基础，旨在创立一个独特的崭新学术平台——不仅传授学生知识，而且帮助他们成为未来的创新人才。

其中，邀请诺贝尔奖得主访问高校是"霍尼韦尔卓越科学与工程计划"的重要组成部分，旨在拉近学术研究与实际商业应用之间的距离，把教学和行业应用紧密联系，为学生创造与诺贝尔物理学和化学获奖者近距离沟通交流的机会，从而激励和培养未来的科学家和工程师们。

在中国，上海交通大学是受邀参与霍尼韦尔卓越科学与工程计划的两所大学之一。该计划走进上海交大既体现了霍尼韦尔致力于发展全球科学教育事业的承诺，也表明了其为中国科学工程领域培养人才的热忱与努力。值得一提的是，霍尼韦尔与上海交通大学有着长期、广泛的合作。霍尼韦尔不但与上海交通大学在自动化、环境保护、物理、化学等众多领域展开研发合作并取得了丰硕的成果，还自2009年起加入上海交通大学中国全球运营领袖项目实习生计划，参与人才培养，为优秀学子提供奖学金和实习机会。

项目策划：

（1）目标/策略：霍尼韦尔卓越科学与工程计划携手诺贝尔奖得主走进上海交大，旨在弥补课堂研究和实际商业应用之间的差距，帮助学生成功实现从课堂教学到商业应用的转变。通过邀请诺贝尔奖得主走进校园，与师生面对面互动，为像上海交大这样的高等学府在开拓学生视野、培养科学兴趣及探索精神上贡献力量。

（2）目标受众：上海交通大学师生。

（3）主要信息：霍尼韦尔卓越科学与工程计划邀请世界光学领域的理论和应用方面最杰出的科学家之一、2005年诺贝尔物理奖获得者托奥多尔·汉什教授走进上海交大校园，在上海交通大学开展为期两天的演讲和交流活动。汉什教授通过与交大学子面对面互动与交流，分享科学的魅力以及他在追求精确实验测量的过程中作出的重大发现。

（4）传播策略：邀请主流媒体参加新闻发布会与诺贝尔奖得主零距离接触，并利用新闻稿普发和其他新媒体传播平台宣传此次活动。

项目执行：

2012年10月，世界光学领域的理论和应用方面最杰出的科学家之一、2005年诺贝尔物理奖获得者托奥多尔·汉什教授接受霍尼韦尔邀请，在上海交通大学开展为期两天的演讲和交流活动。10月25日上午，汉什教授首先来到交大致远学院，与学生畅谈在光学领域从事研究以及获得诺贝尔奖物理奖的经历和感受，下午作为上海交通大学大师讲坛的特邀嘉宾，他向500余位学生做了题为《精密点燃激情》的演讲，阐述了实验物理学研究的重要性，以及理论与实验之间看似微小的差别可能带来的概念上的重大突破。10月26日，汉什教授还为上海交大物理系研究生上了一堂《激光频率梳：从原子到宇宙》的课。此外，汉什教授还与交大学子进行面对面的交流互动，就学生感兴趣的问题一一作答。

在项目的具体执行过程中，霍尼韦尔与上海交通大学紧密配合，精心策划和设计项目执行过程中的每一个环节，全程陪同诺贝尔物理奖获得者托奥多尔·汉什教授在上海的行程。项目前期，霍尼韦尔团队就来到交大校园与交大团队共同落实讲座、小组讨论、实验室参观及新闻发布会等各项活动的安排。项目过程中，为了让托奥多尔·汉什教授在上海的行程更加丰富多彩，霍尼韦尔不但精心安排托奥多尔·汉什教授的校园之行，还安排其参观霍尼韦尔科技体验中心并和霍尼韦尔的技术专家进行沟通与交流。此外，在上海交大为期两天的活动中，为了让广大师生能够与诺贝尔物理奖获得者进行近距离沟通交流，除安排托奥多尔·汉什教授演讲之外，霍尼韦尔还安排了托奥多尔·汉什教授参加交大学子小组讨论，回答问题并参观校园与实验室。

为了更好地宣传霍尼韦尔卓越科学与工程计划及此次诺贝尔奖得主走进上海交大的活动，霍尼韦尔还特地邀请来自大众、商业、教育及电视台等主流媒体于2012年10月25日参加了在上海交通大学举办的"霍尼韦尔卓越科学与工程计划携手诺贝尔奖得主走进上海交大"新闻发布会。在新闻发布会上，托奥多尔·汉什教授与参会的媒体分享了科学的无穷魅力和成功之路。霍尼韦尔高增长地区企业传播副总裁卢荣女士向参会媒体详细介绍了公司在推动科学与工程教育、促进高校人才培养方面的特有战略，以及与上海交通大学的合作成果。

除举办新闻发布会之外，霍尼韦尔还通过其他渠道和新媒体平台，向全国主流平面媒体和网络媒体推广此次活动，并在公司内部向全体员工推介这一项目及在企业官方微博对霍尼韦尔卓越科学与工程计划项目进行推广。

项目评估：

整个项目由于策划细致巧妙、准备充分，活动远超出了预期的效果。共有500多名上海交通大学的学生聆听了托奥多尔·汉什教授发表的题为《精密点燃激情》的演讲，反响热烈。而汉什教授为交大物理系研究生上了一堂《激光频率梳：从原子到宇宙》的课，也使学生广开思路、受益匪浅。

上海交通大学副校长张文军说："很高兴和霍尼韦尔合作，将世界最前沿的科学带进校园，让学生近距离接触诺奖获得者，培养他们在科学领域追求卓越的兴趣。这一活动把著名科学家与对青年才俊的培养联系在一起，意义深远。"张文军强调，国际化战略是上海交通大学建设世界一流大学的重要举措，希望通过此类合作，进一步拓展学生的国际视野以及中国高校在国际上的影响力。

霍尼韦尔中国总裁兼首席执行官盛伟立先生表示："我们非常高兴携手诺贝尔获奖者再次走进交大校园，为未来的科学家和工程师们提供与当代大师面对面交流的机会。我们希望通过'霍尼韦尔卓越科学与工程计划'这一形式独特的全球项目，为像上海交通大学这样的高等学府在开拓学生视野、培养科学兴趣及探索精神上贡献我们的力量。中国已经成为霍尼韦尔全球发展中至关重要的战略性市场和研发生产基地。上海交通大学是霍尼韦尔在中国最重要的合作高校之一。作为中国历史最为悠久的顶尖学府之一，上海交通大学拥有深厚的办学传统，学术氛围浓厚，在自然科学领域具有雄厚的研发实力，我相信，我们双方的强强合作必将推动科技创新和中国优秀人才的培养。"

整个项目在媒体和社会大众中也引起强烈反响，成为讨论的焦点。来自电视台、大众、商业及教育媒体的记者参加了"霍尼韦尔卓越科学与工程计划携手诺贝尔奖得主走进上海交大"新闻发布会，并产生了107篇媒体报道，包括新华社、上海教育电视台、东方早报、人民日报、解放日报等主流媒体均对此活动进行了视频、图片和文字报道。

案例点评：

企业社会责任（CSR）与一般公益活动的最大区别，就在于前者更注重企业责任行动所创造的社会效益，后者则更多体现为企业营销组合中促进产品或企业形象的推广工具。公益活动是企业单向的社（会）区贡献行动。CSR 则是企业中长期、持续与利害关系团体的双向对话、响应需求，以促进社会正面发展为目的，所建构的企业运营策略。

霍尼韦尔（中国）有限公司的"卓越工程与科学家计划"是霍尼韦尔家园建设计划（Honeywell Hometown Solutions）中的一个重要组成部分，专注于自然科学与数学教育领域的发展。旨在创立一个独特的崭新学术平台——不仅传授学生知识，而且帮助他们成为未来的创新人才。这体现了霍尼韦尔长期以来所倡导的社会责任理念。霍尼韦尔 2012 年"卓越科学与工程计划，携手诺贝尔奖获得者走进大学"系列活动，其活动成功之处及亮点主要有以下几方面：

第一，准确把握目标群体心理和需求，大胆设想和周密谋划，是此次活动成功的关键。我们知道，大学是传承文明、传播科学知识的圣殿；是青年追逐理想、实现梦想的圣地；是培育科学家及专业人才的摇篮。对诺贝尔奖获得者，大学生群体有着天然的崇拜和敬仰。正是准确把握了大学生的崇拜心理，抓住大学生强烈的求知需求和兴奋点，利用名人效应，霍尼韦尔 2012 年"卓越科学与工程计划，携手诺贝尔奖获得者走进大学"系列活动通过邀请诺贝尔奖得主访问高校，与大学生零距离对话交流，既拉近了学术研究与实际商业应用之间的距离，又把教学和行业应用紧密联系。既为学生创造与诺贝尔物理学和化学获奖者近距离沟通交流的机会，满足大学生的求知欲和探索欲；又拓宽了学生的学术视野，激发了学生的科学研究与创造激情。专题活动受到大学生们的热烈追捧和积极响应，取得了很好的轰动效应就是意料之中了。

第二，专业运作，精心设计专题演讲活动和校园行安排，是此次活动成功的保障。常言道："细节决定成败。"正是有了公司团队与上海交通大学校方前期充分沟通，精密筹划，共同落实讲座、小组讨论、实验室参观及新闻发布会等各项活动的安排。使诺贝尔奖得主托奥多尔·汉什教授校园行活动内容丰富、沟通深入，行程安排紧凑高效。

第三，全媒体运作，立体传播，使活动社会影响和效益最大化。运用传统主流媒体和网络媒体相结合的全方位传播策略，以实现传播效应最大化。霍尼韦尔通过邀请来自大众、商业、教育及电视台等主流媒体参加在上海交通大学举办的"霍尼韦尔卓越科学与工程计划携手诺贝尔奖得主走进上海交大"新闻发布会，还通过其他渠道和新媒体平台，企业官方微博等向全国主流平面媒体和网络媒体推广此次活动，并在公司内部向全体员工推介这一项目。为诺贝尔奖得主上海交大行活动设置议题，制造新闻事件，在媒体和社会大众中引起强烈反响，成为一段时期公众讨论的焦点，获得媒体广泛报道机会。

　　第四，合作共赢，强强联合，是项目可持续发展的动力源。正如上海交通大学副校长张文军强调的那样：国际化战略是上海交通大学建设世界一流大学的重要举措，希望通过此类合作，进一步拓展学生的国际视野以及中国高校在国际上的影响力。而霍尼韦尔公司则通过此合作展示了企业支持高校人才培养的社会责任，在社会中塑造了良好形象。最终有利于吸引更多高端人才加盟公司。企业社会责任最初的目标是利他的，最终也是利己的。这一点国际社会早已取得共识。而通过校企强强联合取得合作共赢的模式更有利于项目可持续发展。

点评专家：杨丽萍

广西财经学院财政与公共管理学院公关系主任、副教授

IBC 公益计划——2013 "人·沙·敦煌" 沙裸艺术行动

执行时间：2013 年 5 月至 6 月
企业名称：中国国际公共关系协会与森博公关集团联合主办
品牌名称：森博公关
获奖情况：2013 最具公众影响力企业社会责任奖

项目简介：

公关行业作为一个创意产业，在通过创意帮助各企业践行 CSR，提升品牌美誉度同时，对解决社会问题同样有着义不容辞的责任。带着这种责任感，2013 年 5 月，由中国国际公共关系协会与森博公关集团联合主办，发起了"IBC 公益计划"。

IBC 即 Idea Beautify China，创意美丽

中国。IBC 计划旨在用极具创意的艺术活动，呼吁公众关注自然环境保护、文化生态保护、社会留守儿童等公共话题。IBC 不仅是一次活动，更是一种呼吁大家利用自身优势向善的理念。

项目背景：

2013 年，IBC 公益计划聚焦文化生态保护问题，重点关注"敦煌文化生态保护"，将敦煌作为"创意美丽中国"大型公益活动的第一站。

敦煌壁画，距今已有 2000 多年历史，是中华文明的瑰宝；今天，随着环境的破坏，正面临着消失的危险！

在敦煌莫高窟，壁画霉变、腐蚀、脱落的情况十分普遍，例如 156 窟原有墨书《莫高窟记》，在 20 世纪 60 年代仍依稀可见，但现在已经看不到了。敦煌研

究院早前的调查结果称，敦煌莫高窟4.5万平方米的壁画中，有20%受到不同程度的损坏。

而最新的统计显示，在莫高窟目前存有壁画、彩塑的492个洞窟中，一半以上的壁画和彩塑出现了起甲、空鼓、变色、酥碱、脱落等病害。

千年彩绘的褪色、剥落，窟墙的腐蚀、风化，正对莫高窟构成前所未有的威胁。有考古学者曾感叹说，莫高窟的衰颓与毁坏速度惊人，正以"比古代快100倍的速度走向死亡"。全球10处将消失的美景中，国内敦煌莫高窟成为唯一上榜的美景。

我们该如何通过IBC公益计划，呼吁人们关注敦煌莫高窟的消亡，从而发动全社会的力量，保护敦煌莫高窟的文化瑰宝？

项目调研：

敦煌研究院研究人员的一项模拟试验表明，相对湿度反复上下起伏，是造成洞窟常见病酥碱的主要原因。"二氧化碳长时间滞留窟内以及窟内相对湿度增加，空气温度上升，都有可能侵蚀壁画，加速已有病害的发展。"敦煌研究院的负责人表示，虽然旅客过多对壁画的损害短时间内看不出来，但会加速对壁画的损害这一点是非常肯定的。

二氧化碳和空气湿度，是莫高窟壁画消亡的两大祸首。而日益增多的游客量，成为莫高窟的致命杀手。

对于风沙的侵害，或许难以在短时间内得到有效改善；但对于人为的破坏，却是可以通过公益活动，唤醒人们的保护意识，从而起到有效的保护作用。

因此，我们的IBC计划，将针对敦煌莫高窟的游客而展开。

项目策划：

根据专家研究，在人流量不断增大的情况下，戴口罩是目前现实环境中，保护莫高窟的最有效的措施。

因此，我们需要一个"呼吁游客戴上口罩进行参观"的活动。

除此之外，如果把敦煌的这些文化遗产看成一个人的话，水草树木就是她们抵御寒冷、抵御风沙的衣服。在历史演绎的过程中，敦煌文化的防护，在一件一

件被剥掉。失去"衣物"的抵挡，在风沙漫天的环境中，面对沙尘、寒风的侵袭，她们不停地颤抖、战栗着……满身病痛的敦煌文化，正在发出生命消亡前的最后嘶鸣："快来救救我吧……"

然而，敦煌文化所遭遇的这种痛苦，离普通人的生活又太遥远，绝大多数人都难以感知到！

如何运用最具冲击力的创意表现形式，引发社会的高度关注？

发起一场"口罩会议"：将"口罩"的元素在活动的启动会中进行无限放大，举办一场人人都戴着口罩的发布会！

"人·沙·敦煌 沙裸艺术行动"：失去"衣物"的敦煌莫高窟，就像是被剥光了衣服的人被遗弃在寒风凛冽的沙漠中一样。我们通过在人体上彩绘莫高窟的相关元素，并将其置身于敦煌的沙漠中，以种种痛苦、抗争的肢体语言，暗喻莫高窟壁画的悲惨境遇。

项目执行：

1. 名家助阵

邀请明星公益大使闫妮全程参与、支持活动；

中国国际公共关系协会常务副会长兼秘书长赵大力代表中国国际公共关系协会加盟 IBC 计划；

众多志愿者加入 IBC 公益计划：中国摄影家协会副主席、著名军旅摄影家张桐胜；森博公关志愿者赵刚与名模赵媖樨拍摄沙裸艺术。

2. 层层推进

（1）北京"口罩会议"——启动 2013 年"人·沙·敦煌——沙裸艺术行动"。最大限度的减少二氧化碳的呼出量，将是游客观光敦煌莫高窟时可采取的直接保护措施。通过一场佩戴口罩的启动会，全国招募公益志愿者，表明公益主张，呼吁社会各界参与活动。国内著名影视明星闫妮，作为公益行动大使，出席现场活动发出倡导。

（2）敦煌 2013 年"人·沙·敦煌——沙裸艺术行动"。组织一支包括新闻媒体记者、专业摄影师、公益志愿模特、彩绘师、化妆师在内的拍摄团队。拍摄期间，整合强势媒体资源，覆盖五大门户网站，进行多角度的报道，公益大使闫妮参与其中。

敦煌之美：以此主题，摄影师记录下敦煌之行的秀美风光。

敦煌之痛：以此主题，摄影师的镜头中，彩绘模特将用身体语言，哀怨、痛苦、无助、惨遭蹂躏的表情，展示莫高窟惨烈的生态环境。

（3）北京"留住敦煌"——敦煌沙裸艺术影展。

以一场现场感十足的敦煌沙裸摄影展，重温现场，扩大影响力，传递公益主张，为本次"人·沙·敦煌——沙裸艺术行动"画上完美的句号。

项目评估：

IBC公益计划启动仪式召开首周，实现平面、网络、电视、视频、微博、微信媒体全方位连续报道；搜索覆盖IBC公益计划、敦煌沙裸艺术、壁画保护等多个关键词信息；覆盖行业首个创意公益、外媒关注、登入纽约时报广场等多角度内容；引发各大主流媒体高度关注，具有极强的话题性……

百度指数：近一周内，IBC用户关注度提高34%，媒体关注度提高300%。

合作媒体：IBC公益计划相关新闻在重点合作媒体的公益频道"首页焦点图"、"明星公益"、"企业公益"、"志愿者"，"推荐活动"，"公益资讯"等多个平台实现落地；落地形式涵盖网站头条、首页焦点图、首页文字链新闻等位置，并获得大幅转载；同时，中国公关网、17PR、我爱公关网的微博、微信等平台，均已同步报道本次活动及后续进展。

"口罩行动引爆华尔街"：同时，此次IBC公益计划还成功登陆美国纽约时代广场的大屏幕，引发近30家外媒竞相报道，其保护世界文化遗产的理念得到了世界范围内的极大认同。

亲历者说：申雨川　森博公关客户经理

自踏入公关行业以来，我所经历的项目都是在努力为客户寻找最恰当的传播营销方式。而当接到公司自身发起的企业社会责任项目时，我感受到一种前所未有的压力和责任。

长期以来，我们关注KPI，关注最终的传播效果，以数字与百分比来衡量品牌力。当森博公关团队第一次面对自身发起的公益行动时，团队成员依旧有着惯性思维，每一次项目讨论会上，我们都在思考，这样一场大型的公益活动究竟能够达到怎样的实际效果？特别是我自己，作为项目的主要负责人，也总在这样的疑虑中犯难。

现在当我回顾这整个过程，作为全程亲历者，我最大的感受，是公益行动本身对于社会群体的感召力。森博公关总裁于林义先生在项目初期跟大家讲，IBC公益计划，希望传递的是一种向善的理念。这句看似简单的话，却是整个行动的灵魂所在，并最终在项目执行的过程中屡屡获得了印证。

当IBC获得中国国际公共关系协会的大力支持，常务副会长兼秘书长赵大力亲自参与启动仪式时；当国内一线女星闫妮欣喜地接受邀约，担当IBC公益志愿者时；当我们接到来自国内各大主流媒体的电话征询，希望参加将在敦煌举办的"沙裸艺术"拍摄活动时……IBC公益计划的团队成员们开始感受到，这样一场以"向善"为核心理念的行动，正在汇聚起社会各界人士的爱心。

直到5月31日，包括中国摄影家协会副主席张桐胜先生在内的摄影师志愿者、沙裸模特志愿者以及IBC公益计划全体成员一同登上飞往敦煌的航班时，我感到有一种力量正暗暗聚集，它驱使着森博公关迈入了公益行动的大潮，引领公关行业第一次举办大型的创意公益计划；它也同时吸引着全社会的注意力，将目光再次汇聚在祖先留给我们的文化遗产上，以现代人的视角和行动，践行着一份公益的善念。

在敦煌，我们再次感受到，人类面对严酷的自然环境时的渺小与无奈，这也再次唤起了项目之初，我们对于一场公益行动能够起到多大的实际效果的探讨。可当我们站在敦煌莫高窟的壁画前，仰头探看那些抱有虔诚之心留下的伟大艺术作品时，似乎每一个人内心中的疑虑都消除了。即使只能改变一个人，即使只能挽救一处古迹，传递着向善理念的IBC计划又何尝不是一种成功呢?!

在登上返程的飞机时，我忽然感受到，这种涓涓细流的力量，也正是每一个公关人所追求的信仰吧。

案例点评：

"企业社会责任"（Corporate Social Responsibility，以下简称CSR）是近几年来公关行业发展和企业传播创新中的一个热门话题，其中的核心点包括：如何规划适合特定企业的CSR战略模式，CSR执行领域与企业主业发展的关系、选择哪些亟待解决的社会问题来设置CSR项目、新媒体平台上的CSR传播推广、如何与社会多主体协同以提高CSR实践的综合效应等方面。本次由中国国际公共关系协会与森博公关集团联合主办的"IBC公益计划"在CSR主体关系、CSR全媒体传播方面均提出了一些新思路，也获得了较好的执行效果。

首先，由创意产业牵头发起活动，吸引企业和名人参与助阵。

在过往的CSR实践中，最重要的承担主体常是企业，公关公司则多作为项目初创时的建议和推动者、项目进程中的专业顾问和协助执行者来参与。随着公关行业的发展壮大，很多公关公司本身已经成为一个强大而独立的企业，如何反客为主，开展自身的 CSR 实践是摆在这类创意产业企业面前的一个课题。早在2012 年初，蓝色光标就曾发布《2011 年度企业社会责任报告》，介绍自己在关爱员工、尊重客户、诚信经营、关注环保等领域的 CSR 行动。

本次森博公关的活动，结合十八大提出的"生态文明"新主张，更为突出"创意美丽中国"的核心主题，试图以富有创意的艺术活动形式、长期持续地展开系列大型活动，在公关行业的 CSR 实践中树立了一个新标杆。即充分利用行业特长——创意，发挥出吸引和调动社会资源的能力。

森博作为发起者，其活动很快获得了中国国际公关协会、企业、名人、媒体、摄影师、艺术志愿者的支持。例如，森博提出项目设想后，其原有的企业客户奥克斯主动要求作为协办者参加，提供了一定经济资助、增加了项目的新闻性、拓展了社会影响。对西北地区环境保护的主题和行为艺术的形式也吸引了明星闫妮全程免费参加活动，她在启动仪式上说："我生在西安，长在西安，求学在兰州，是一名不折不扣的西北人，对中国的西部有割舍不断的情结，也愿为祖国西部的明珠——敦煌做出自己微薄的贡献。"

其次，以行为艺术为活动形式，形成外媒和移动新媒体的传播热点。

环境保护在 CSR 实践中不算一个新话题，因此森博着力在行为方式和传播渠道上创新。首先，针对关注生态保护、旅游文化和视觉艺术的人群，活动全程与都市类报纸、门户网站合作，多角度报道。更为重要的是，"口罩会议"、"沙裸艺术行动"、"敦煌沙裸影展"等具有后现代文化意涵、视觉冲击和行为影响力的活动形式，与敦煌的历史情境和文化想象相结合，产生了覆盖境外媒体和新媒体的传播热点。

IBC 启动发布会登陆纽约时代广场大屏幕，路透社发表独家报道，国外诸多综合类、财经类媒体自发转载，这也表明行为艺术是一种具有普适性、便于跨文化传播、能够引起国际影响的有效形式。活动向国际公众展示了中国创意产业、前沿企业及年轻志愿者的环保态度和行动。

除了大量精美的高清组图在腾讯、新浪、网易、光明网等门户网站获得大量点击并引发热议之外。在移动互联盛行的媒介环境下，活动也通过"17PR"微信公众号和"腾讯新闻"移动客户端产生了较大的传播效应。据统计，腾讯新闻客户端的"敦煌沙裸行为艺术呼吁保护文化"新闻在两天内获得了万余条评论，大部分网友认为这是一场"唤起正向能量的公益行动"。相比传统媒体，移动新闻端所需的媒介费用很少，受众主动参与、转发的热情更高。

最后，综合点评与反思。

相比企业，公关公司自己牵头首发CSR活动有几点优势。①视野开阔，对宏观社会需求、传播规律及效果有更好了解；②经验丰富，通过前期的企业服务，对CSR传播实施有全面的了解；③创意出彩，重视本身的品牌价值，长于创意提炼和战略规划；④资源整合，积累了较好的企业、传统媒体、新媒体平台、名人、政府关系资源。

这些优势在森博公关的案例中都得到了较好的体现。但在执行过程中也出现了一些难点，如多主体合作项目中，传播重点如何凸显，森博本身的重要性易被模糊；协作企业在项目周期中增加营销性活动时，如何平衡公益与营销之间的关

系；公关公司在项目资金投入上受限，如何实现项目的长期推进等。这些都为未来公关行业的 CSR 实践提出了值得深思的问题。

点评专家：张洁

中山大学传播与设计学院公共传播学系讲师

中山大学公共传播研究所研究员

复旦大学国际公共关系研究中心助理研究员

2013 BMW 中国文化之旅

执行时间： 2013 年 9 月 9 日 ~ 2013 年 9 月 14 日
企业名称： BMW Brilliance Automotive Ltd.
品牌名称： BMW
获奖情况： 2013 最具公众影响力公共关系案例评选入围案例

项目背景：

2013 年 9 月 10 日，2013 BMW 文化之旅在江西南昌滕王阁正式起航。BMW 中国文化之旅已经连续 5 年被列入我国"文化遗产日"系列活动。截至 2012 年，足迹遍布中国 19 个省市，行程逾 14000 公里，先后探访了 150 余项非物质文化遗产，并对其中 58 项亟待保护的"非遗"项目和研究课题进行了总计 600 万的资助。

中国的遗产保护是一个非常严峻的问题。保护正在消失的遗产，需要当地政府、学界研究者、媒体的呼吁，以及社会各方，特别是 BMW 这样有社会责任的企业的共同参与。以往一些企业仅停留在企业社会责任的基础传播阶段，真正付诸行动并产生收效者甚微。但多年来真真切切地在努力、在实践，并实现了传统手工艺与现代工业文明相得益彰的结合。凭借 6 年的不懈努力，BMW 中国文化之旅成效斐然，社会反响热烈，对推进我国非物质文化遗产保护工作和增强全社会的非物质文化遗产保护意识，产生了积极而长远的影响，并为企业参与非物质文化保护树立了一个良好范例。

项目调研：

江西，一片富含繁荣文化和历史传统的土地，被公认为中国最重要的精神家园之一。长期以来，江西都以富含中国传统工艺魅力和古人伟大智慧结晶的珍贵手工艺品和手工艺技艺而为人所知。这是一个孕育古代巅峰中华文明的重要摇篮。

项目策划：

（1）主题：物华灵秀，古今相承的精神家园。

（2）北线：以景德镇陶瓷文化为代表，中国精湛的手工艺与艺术之美尽显无遗，精湛的陶瓷技艺更是蕴育了精彩的瓷文化，并延伸出了茶文化和独特的中国式美学，全面覆盖了传统中国生活的物质以及精神层面。（如婺源古村落文化，瓷文化等）

（3）南线：泱泱五千年的中华文明，中华民族从远古对自然的敬畏和崇拜，逐渐到对自然规律的初步接触，再到将自身对自然规律的理解形成独立的文化体系并加以利用，五千年文明繁衍生息的历程历历在目。（如药文化、古村落、道文化等）

项目执行：

时间：2013年9月9日~2013年9月14日

地点：自江西南昌滕王阁发车

人数：140人

北线：

日期	距离	车程	行程	上午	下午	晚上
9月9日			南昌	车队成员抵达/接机	车队成员抵达/接机	车队培训及破冰晚宴
9月10日	129公里	2小时10分	南昌-星子	发车暨捐赠仪式	探访白鹿洞书院 • 儒家教育文化论坛（笔纸砚非遗项目探访） • 书法互动 探访庐山秀峰	
9月11日	274公里	3小时10分	星子-湖口-婺源	探访青阳腔 探访石钟山	探访歙砚制作技艺	
9月12日	85公里	1小时20分	婺源-景德镇	探访徽州古村落（婺源李坑）	探访婺源甲路村 • 探访甲路抬阁 • 互动探访甲路油纸伞项目 探访景德镇三宝村	（自由选择）佳洋陶瓷购物
9月13日	186公里	2小时50分	景德镇-南昌	探访景德镇瓷业习俗及瓷窑营造技艺 • 元明清三代古窑复燃仪式 • 互动探访景德镇瓷窑七十二道手工制作技艺 • 瓷文化论坛（景德镇陶瓷制作技艺及瓷业习俗） • 探访瓷乐演出	车队行车	车队汇报晚宴及捐赠仪式
9月14日			南昌	送机	送机	

南线：

江西，素有"物华天宝，人杰地灵"之美誉，历史上名家巨擘荟萃，冠盖华夏之巅，名篇巨著盛出，万民累世传颂。赣文化是中国传统文化的宝贵结晶。2013年秋，围绕着"物华灵秀，古今相承的精神家园"这一全新主题，2013

日期	距离	车程	行程	上午	下午	晚上
9月9日			南昌	车队成员抵达/接机	车队成员抵达/接机	车队培训及破冰晚宴
9月10日	238公里	3小时30分	南昌-樟树-吉安	发车暨捐赠仪式 樟树养生药膳	探访樟树中医药文化 • 探访樟树中药炮制技艺 • 互动探访-中药材辨识技艺 • 中医药文化论坛（传统中医药的源起）	
9月11日	180公里	2小时20分	吉安-抚州	探访陂下古村落 • 探访陂下喊船习俗	探访渼陂古村落 • 探访渼陂彩擎 • 探访渼陂古村落建筑 • 探访东固造像技艺及鄱阳脱胎漆器髹饰技艺	
9月12日	97公里	1小时20分	抚州-龙虎山	在抚州博物馆探访临川文化 • 互动探访-金溪手摇狮	探访龙虎山国家地质公园 • 探访龙虎山悬棺	
9月13日	180公里	2小时30分	龙虎山-南昌	探访道教文化 • 探访龙虎山天师府道教音乐及道教仪式 • 表演艺术类非物质文化遗产的保护与传承 • 品尝天师八卦宴	车队行车	车队汇报晚宴及捐赠仪式

"BMW中国文化之旅"南北两线车队沿着"物华"、"灵秀"两条线路，前往古老的赣鄱大地进行探访，深入挖掘传衍千年的华夏文化魂脉。

自"西江第一楼"滕王阁启程后，北线车队经庐山南麓，访白鹿国学，至湖口石钟山，赏青阳古腔，历婺源古镇，探千年瓷都，一路行来，遍访江西传奇手工技艺。从巧夺天工的砚石雕刻，到充满江南水墨气息的甲路油纸伞，再到誉满全球的景德镇制瓷，赣西北的能工巧匠们以自己的双手和智慧，展现了中国传统手工技艺中最为闪耀之光。

花开两枝，南北辉映。在赣中南的文化热土上，南线车队则历访"南国药都"樟树、"江南望郡"吉安、"才子之乡"抚州、"道教正一派祖庭"龙虎山等江西文化重地，对樟树中医药文化、庐陵文化、临川文化、道家文化等多元文化现象，以及别具地域文化特色的风土人情进行了深入探访，感受了赣文化中最为精彩的灵秀之气。

唯有传统文化永葆生机，一个民族方能获得持续前进的内在动力。保护非物质文化遗产就是守护每个人的文化之根、精神之源。作为BMW中国企业公民战略中的重要组成部分，自2007年拉开"BMW中国文化之旅"的序幕以来，BMW始终怀着对中国文化的无限敬仰之情，持续探访中国非物质文化遗产，并通过传统文化这一窗口，不断地解读中国、融入中国。

7年来，"BMW中国文化之旅"已累计行进一万五千多公里，足迹遍布20个省及直辖市，先后探访了中国6大国家级文化生态保护实验区，以及170余项非物质文化遗产，并对其中69项亟待保护的"非遗"项目和研究课题进行了总计700万元的捐助。作为企业参与非物质文化遗产保护的成功典范，本项目也连续6年被列入中国"文化遗产日"系列活动。

为了唤起更多的人关注非物质文化遗产保护，我们特举办此次展览，向公众集中呈现"非遗"之美，并分享我们在沿途所获的珍贵记忆。就让我们跟随BMW的探访印记，走进绚丽多彩的江西大地，共同感受中国传统文化的物华灵秀，齐心播撒文明传承之悦！

项目评估：

通过对传统节日文化形态的探访和考察，探寻古老文明和文化与现代生活的关联，见证BMW对非物质文化遗产保护的努力，并亲身参与到物质和非物质文化遗产的宣传、传承和保护工作中去；唤起和增强公众关注和意识，带动更多的人广泛参与文化遗产传承保护的行动中去，使公众充分认识到保护文化遗产对提高国家文化实力的重要意义。

"BMW中国文化之旅"除了以车队的形式对沿途的文化遗产进行探访，还将向那些亟待保护的"非遗"项目予以最为切实的捐助，帮助当地文化的保护和发展。

今年，"BMW中国文化之旅"将对江西省的11个"非遗"项目进行总计100万元的捐助，它们分别是"永新盾牌舞"、"铅山连四纸制作技艺"、"金星砚制作技艺"、"青阳腔"、"景德镇手工制瓷技艺"、"婺源甲路纸伞制作技艺""樟树中药材炮制技艺"、"青原喊船"、"青原东固传统造像"、"鄱阳脱胎漆器髹饰技艺"。

BMW中国企业社会贡献系列活动简介

行有道，爱无界。作为全球高档汽车市场的领导企业，BMW一直坚持履行与其行业地位相当的企业社会责任，不仅坚持贯穿产业链的技术创新，为公众带来卓越的汽车产品与服务，更在资源创新、文化交流与社会融合、教育三大领域贯彻可持续发展战略。自进入中国市场以来，BMW努力践行根植中国的长期承诺，持续推进本地化进程，切实履行一个优秀的企业公民应担负的社会责任，与中国社会一道寻求永续共生的和谐发展之道。

在努力践行自身的社会责任的同时，BMW 还通过宝马爱心基金这一全方位的企业公民平台，带动包括员工、经销商和车主在内的 BMW 爱心大家庭成员参与其中，共同回馈社会，将爱与欢乐不断传递！通过持续开展社会贡献项目，BMW 不断加深对中国社会和文化的理解，并将"BMW 之悦"的品牌内涵全面展现给中国公众，让 BMW 品牌更好地融入中国梦之中！

未来，BMW 将继续发挥自身的核心竞争优势，为实现社会的可持续发展做出不懈的努力，并携手广大 BMW 爱心大家庭成员和社会各界有识之士，不断开拓进取，共创新未来！

（1）资源创新：从致力于推动汽车产业与环境良性发展的 BMW 高效动力策略及新能源技术产品的应用，到率先推出"5S"理念，带动经销商伙伴共同践行可持续发展理念，履行对于本地社会、经济与环境的责任，BMW 在取得商业成功的同时，不断提高资源的创新利用和可持续资源的使用，切实贡献于中国社会的可持续发展。同时，BMW 还积极感召和带动 BMW 爱心大家庭成员一同保护环境，关注当地社会的长远发展，为实现社会的可持续发展贡献自己的一份力量。

（2）文化交流 & 社会融合：一直以来，BMW 将保护中国传统文化、促进跨文化理解与社会包容作为对中国社会的长期承诺之一。自 2007 年启动"BMW 中国文化之旅"以来，我们怀着对中国文化的无限敬仰之情，持续探访和保护中国非物质文化遗产，积极促进本土文化的传承与发展；通过在经济相对欠发达地区持续开展"BMW 童悦之家"儿童关爱计划、"BMW 悦助未来"助学计划等一系列创新性的公益项目，BMW 更为促进社会的融合与包容做出了显著的贡献。

（3）教育：BMW 十分关注对教育领域的支持。作为道路安全教育的先行者，早在 20 多年前，BMW 便前瞻性地积极参与世界范围的道路安全教育。在中国，BMW 专注于建立并维护一个安全的交通环境，尤其重视对儿童和青少年的道路安全教育。2005 年，BMW 将先进的教育经验引入中国，在全国范围内开展"BMW 儿童交通安全训练营"项目，通过寓教于乐的模式，帮助儿童从小养成安全的出行方式和健康的生活理念，并通过家庭日活动，对父母的教育方式产生正面、积极的影响。

（4）宝马爱心基金：作为 BMW 在中国可持续发展战略的重要组成部分，宝马爱心基金自成立以来，始终秉持合力、实效、持续、透明的原则，汇集广泛的社会爱心力量，共同践行社会责任，逐渐形成了有自身特点的公益模式。5年来，宝马爱心基金发起和推进了一系列切实可行的公益项目，并为包括BMW员工、经销商和车主在内的BMW爱心大家庭成员搭建起一个广泛、持续的参与平台，用实际行动践行对中国社会的长期承诺。

案例点评：

2013 "BMW中国文化之旅" 分两支车队共140人深入江西全境，对江西省近20项非物质文化遗产进行深入探访，先后举办四场文化论坛，并捐助11项非物质文化遗产项目100万元，继续为保护中国非物质文化遗产做出显著贡献。

虽然按照美国学者阿奇·B·卡罗尔的观点，在企业社会责任的4个层次中，第1个层次的经济责任是最为基础的部分，但现阶段中国社会更习惯从第4个层次的慈善责任来理解企业社会责任的内涵并对企业提出相关期望。于是，乐善好施的企业容易获得良好口碑；企业想要树立声誉也需要洞悉并回应这一社会诉求。

保护文化遗产是本世纪初凸显出来的一大公共议题。2005年12月，中央政府发布《国务院关于加强文化遗产保护工作的通知》，并决定从2006年起，把每年6月第二个星期六定为 "文化遗产日"。2007年BMW中国即策划举行了 "BMW中国文化之旅" 活动，这就把履行企业社会责任与响应所在国政府号召结合了起来，利于优化政府关系和融入中国社会。并且因为与文化主题关联，捐助项目的选择具有战略意义，从而贴切地彰显出BMW品牌 "高端大气上档次" 的产品形象。同时，把 "BMW中国文化之旅" 办成每年一次的持续性活动，其本身也是在打造一项活动品牌，有助于提升知名度；中国疆域辽阔，历史悠久，也使活动具有可行性。活动归来办展览，邀请专家开论坛，会使活动的影响得以延长扩散而强化效果。

当一种常用消费品与价值体验建立联系的时候，其消费主体就进入获取社会肯定的心理需求阶段，这一般通过展示及利他行为来实现，群体认同感也随之产生。"BMW中国文化之旅" 活动提供了BMW车主展示自己和利他行为的机会，并有效地把厂家、消费者、经销商的关系维系起来。于是，BMW大家庭在承担企业社会责任的同时，也拓展了普通车友会成员自驾外游的内涵，创建出一个较高旨趣的内外部公众交流沟通的平台和渠道。

点评专家：杨晨

上海外国语大学公共关系学系副主任、副教授

敦煌沙漠生态治理工程——沙漠都江堰项目

执行时间： 2013 年 3 月
企业名称： 碧泊产业
获奖情况： 2013 最具公众影响力企业社会责任奖

项目背景：

甘肃省敦煌市境内 95% 以上的土地是荒漠戈壁或生态脆弱区，荒漠化治理形势严峻。历史上阳关镇则是敦煌抗击风沙的第一道防线。沙丘每年以 4—10 米的速度向阳关逼近，2000 多米的防风林枯死掩埋，沙尘暴猖獗。在沙漠逐年推进之下，要守住敦煌，就必须守住阳关。

与此同时，作为超干旱地区的敦煌一旦到了汛期，来自肃北、阿克塞乃至本地的洪水往往带着泥沙直流而下，轻则污染破坏水源，重则冲毁道路、桥梁、农田、村庄、养殖企业等。在阳关，这一情况尤为突出。2004 年当地洪水流量最高达到每秒 220 立方米；2007 年出现洪涝灾害 18 次，最长时达 15 天；2011 年则发生了百年不遇的特大洪灾泥石流，科技园 30 年培育的 12 万条本种鱼，1000 多万条商品鱼全被冲走，直接经济损失 1.6 亿元。资料记载：阳关历史古城的消失就是被一场洪水泥石流淹埋而消失的！

"每年都发洪水，村民的葡萄、房屋经常被毁。"阳关镇龙勒村村支书鲁银花说。每当听说肃北和阿克塞下暴雨时，村里的人都会倾巢而出。阳关镇党委书记刘占英说："在科技园没建设之前，每年6月下旬到8月份洪水有时候几天下来一次，有时候10天下来一次，直接影响农民的饮水和土地灌溉。"

在沙害、水害并发的敦煌，因为长年缺水，一些地方的防护林种了枯，枯了再种；又因为汛期不时爆发洪水，道路、桥梁甚至防洪堤建了垮，垮了再建。水令敦煌人既爱又恨，却是发展绕不过的"槛"。面对天灾，如何生存、如何发展、如何保护，成为敦煌多少年来的难解之题。

近年来，随着全球自然环境的变迁和人类活动的影响，敦煌生态环境不断恶化，出现了植被衰亡、泉水衰减、土地盐渍化、沙漠化等生态环境问题，严重威胁到敦煌的可持续发展。敦煌主要生态问题如下：

第一，地下水位持续下降。据观测，敦煌地区地下水位从1975年至2001年，共计下降了10.77米，目前仍以每年0.24米的速度急剧下降，由此导致原有的1万余亩咸水湖和1000余亩淡水湖目前80%已不复存在。被称为"沙漠奇观"的月牙泉，最大水深已由1960年的7.5米下降到目前的1.1米，水域面积也由原来的22亩减少到8.5亩。

第二，"绿色屏障"逐渐退化。据敦煌市林业部门统计，被称为敦煌绿洲"绿色屏障"的东湖、西湖、北湖及南山一带的天然林、草场、湿地由建国初期的219万亩、586万亩和375万亩分别减少到目前的130万亩、130万亩和270万亩，分别减少了40%、77%和28%。南泉湿地自然保护区的二道泉和三道泉，在近三年时间，已基本干涸，大片芦苇枯死，沙丘开始形成。

第三，土地沙化和盐渍加剧。自1994年以来，敦煌绿洲区外围沙化面积增加了近20万亩，平均每年增加2万亩。目前库姆塔格沙漠正在以每年1至4米的速度逼近敦煌，流动沙丘前沿离敦煌市区已不到5公里。

第四，生物多样性受到严重影响。据资料记载，敦煌野生动植物特别丰富，

其中，野生动物有140余种，目前原有的猴、豹、熊、鹿、野马、野猪、麝和虎等8种野生动物已绝迹，野骆驼濒临灭绝，在湾腰墩一带仅存40余峰；国家一级保护候鸟白鹳、黑鹳现已基本绝迹。

第五，自然灾害不断加剧。目前，大风及沙尘暴的强度在不断增大，年平均出现8级以上大风达15—20次之多，累积日数为15.4天，且多集中于作物幼苗生长的3至5月。

项目调研：

敦煌市政府及各部门为保护阳关，促进当地经济发展，防止风沙水患对阳关的威胁和对经济发展的制约，以敦煌沙漠生态旅游项目为依托招商引资。2001年，碧泊产业进驻阳关，项目启动后沙害水害等恶劣环境难以想象，远远超出政府和投资企业的预想，项目无法正常展开。为此，敦煌市相关部门制定政策，动员碧泊产业投入巨资，十年艰辛治理取得诸多成果。

一是分洪梳流。在洪水必经之路西土沟的上游，同时也是沙漠逼近阳关镇的最前沿，修筑13条总长60多公里的梳流堤坝，层层调蓄洪水，将绝大部分洪水多级分流到沙漠分洪调蓄工程，化整为零，降低水位，减缓流速，化解洪灾，从而保安全。

二是枢纽调蓄。在沙漠中开挖九连湖、月亮湖等，调蓄洪水，提高地下水位，救活防护林，并大面积种植怪枣等植被，形成了9600多亩的生态湿地涵养水源。

三是沙漠渗透过滤。短时洪水通过调蓄实现常年蓄积，再通过沙漠渗透过滤净化工程，化害为利，新增可利用水资源，实现洪水变清水，并对西土沟18公里洪水沟进行整治，同时开凿20多公里"梳子"状的分洪渠道，修建分洪大坝，实现清洪分离，保护水资源防止洪水的破坏、污染。

四是修筑大坝防风固沙。在库姆塔格沙漠的风口，修建21公里长的"沙漠长城"，辅之以大量生态植被，阻挡沙丘前进，防止沙漠对敦煌的吞蚀。

五是构建生态农业产业链。利用清洪分离后的冰川雪水、沙漠泉水，采取流水式养殖技术高效节水，发展沙漠高寒冷水鱼产业和葡萄种植以及农产品加工业，进而发展生态循环文化旅游产业。

与传统治理模式相比，"分洪梳流治沙"模式效果突出，其以"害"治"害"的大胆创想堪称生态治理的典范。在这里，洪水好似安装了"水龙头"，沙漠则变成了"过滤器"，水"害"化水"利"，沙"害"变沙"利"。"沙漠都江堰"工程实现了生存、发展与保护并重，经济、生态与社会效益并举，凸显出治沙、驯洪、生态产业、富民等多重效益。

面对沙害水患风灾，何延忠不知道在库姆塔格沙漠、敦煌阳关、肃北阿克塞、洪水发源地跑穿了多少双鞋，在沙漠中昏死过多次，组织国内外生态环境水利专家多次实地踏勘，总结分析制定方案。他认为："阳关人民多年来，防护林种了枯，枯了再种；防护堤建了垮，垮了再建；重复投资，害苦了当地人民。"没有逃出风沙水患灾害的根本原因在于，一方面，敦煌是极度干旱区，阳关被称为"旱极"，严重缺水，蒸发量是降雨量的 80 ~ 100 倍，造成防风林被沙丘掩埋枯死；另一方面，多年来人们在洪水聚集的下游重复修建堤坝，令肃北、阿克塞聚集阳关的洪水，饱受水害之害。

项目策划：

本项目是以生态环境综合治理为核心的惠民工程，鼓励引导公众参与更加有利于项目的实施，更加有利于发挥项目的社会效益和示范作用。

一是通过广播、电视、网络对项目内容进行宣传，通过科技下乡，进村入户，散发传单，举办咨询会，提高群众的知晓率；通过加大政务公开力度，实现政务公开透明化，切实维护和保障人民群众的知情权、参与权、表达权和监督权；通过新闻媒体的宣传和举办街道社区活动，激发、引导社会各界人士广泛参与，积极营造公众参与监督的良好氛围。

二是组织群众参与项目建设，聘请农民技术员，组织群众观摩示范工程，提高群众参与的积极性，不断延伸和拓宽公众参与途径。

三是项目实施公示制，项目实施情况及时对外公布，接受群众监督、上级部门检查和审计部门的审计。

项目执行：

本项目结合敦煌市当前存在的古文化遗迹破坏严重、洪水灾害泛滥、流域下

游生态退化严重等问题，围绕山区洪水资源再利用——生态农业建设——古迹保护主线，把生态建设与区域经济发展相结合，开展山区洪水疏流——渗滤——拦蓄技术、粘土压沙——石堤阻沙——生物防沙综合风沙防御技术、高寒生态产业技术、沙区水热耦合的高效农业技术推广应用，建立集古文化遗迹保护——洪水水资源利用——生态农业体系，同时，开展区域大面积示范推广，提高农业综合效益，达到惠民目标。

1. 山区洪水疏流—渗滤—拦蓄技术体系的应用推广

每年汛期肃北、阿克塞和敦煌当地的洪水汇积阳关，泛滥成灾，洪水带来的泥石流，造成地质灾害破坏严重。针对山区河水每年在汛期泛滥成灾的问题，采用洪水疏流—沙石渗滤—洪水拦蓄—集水净化技术，在河道两岸修建防护堤、丁坝等工程措施，稳定河势，提高河道的行洪能力。并通过河道侧向补给抬升地下水位，将汛期的水贮存于地下水库，保证植物生存与发展，改善现有河道的景观，提高河道行洪及防洪安全。之后将过滤的地下水用于生活用水和特色优势产业发展，最终通过防洪分洪、大面积的蓄水工程及保护水源等措施将废水用于生态环境治理，不仅可以缓解地下水位急剧下降的局面，在一定程度上还可以逐步恢复地下水位，使河水长流，确保流域生态系统安全，实现以"害"治"害"的生态治理新模式。

推广洪水疏流—渗滤—拦蓄技术示范区 2500 亩，建设防洪坝 6 千米，拦洪坝 2 千米，年拦蓄季节性洪水 8 千万立方米，使可利用水资源从原来的 $0.3m^3/s$ 新增到 $0.5 \sim 0.7m^3/s$，净化后用于农田灌溉及渔业养殖用水达 4 千万立方米，可供当地 300 户居民的 2 千亩葡萄和农业土地的灌溉。

2. 粘土压沙—石堤阻沙—生物防沙综合风沙防御技术体系的应用推广

阳关是保护敦煌不被沙漠侵蚀的第一道防线，沙丘每年以 4 ~ 10 米的速度向阳关逼近，沙尘暴猖獗，昔日的防风林被沙丘掩埋枯死，在沙漠逐年推进之下，要守住敦煌，就必须守住阳关。项目采用成熟的粘土压沙—石堤阻沙—生物防沙治沙技术，推广沙地生物治理与工程治理相结合的防沙治沙技术，形成干旱荒漠区绿洲边缘带退化植被修复和绿洲防护技术模式，遏制绿洲边缘沙化土地的扩展，促进荒漠—绿洲过度带植被恢复，有效地阻止沙丘的推进，抑制风沙灾害对阳关地区的威胁。

推广应用以上技术，形成 40km 及 15 ~ 20km² 的防风阻沙林带，推广面积

2850 亩。

3. 高寒生态产业技术体系应用推广

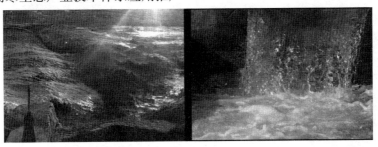

充分挖掘敦煌自然资源优势，在阳关镇开展高寒生态产业技术应用，立足冷水鱼养殖，通过对流域洪水资源的有效利用，利用现有成熟的流水式养殖技术，发展休闲观光和冷水鱼饮食，建设集生产、观光休闲和餐饮为一体的现代冷水鱼养殖示范基地，以"冷水鱼养殖＋休闲观光餐饮"为发展模式，结合国外先进的生产及管理模式，解决好经济发展和环境保护的关系，以"冷水鱼养殖——产品深加工——休闲餐饮"为基本产业链，发展高寒特色生态经济产业。本项目完成后计划再建成冷水鱼养殖基地 $35000m^2$，特色养殖区 $2350m^2$，提供就业岗位 150 个。

4. 沙区水热耦合的高效农业技术体系应用及推广

利用养殖产生的有机肥水，生产绿色葡萄和防风固沙林有机地结合在一起，通过养殖产生的有机肥水再发展农业，减少化学肥料的使用，生产绿色农产品，弃水再用于生态治理防风固沙的循环经济生态模式，制定并实行节水型灌溉制度、实施灌溉预测预报和节水型管理制度，并与节水增产栽培技术、农业结构调整等农业技术措施相结合，建立以生态环境建设、结构调整、高效节水、设施农业、栽培管理为核心的农林牧协调发展的高效农业可持续发展技术体系。

在敦煌市阳关镇所辖 5 个行政村，21 个村民小组，1166 户村民中开展沙区水热耦合的高效农业技术体系示范及推广应用，示范推广特色葡萄 120 亩、示范推广饲草料 200 亩，年产值达到 1.2 亿元，使农民户均收入增加30%以上。

项目评估：

本项目在敦煌市阳关镇建设实施，取得成熟经验和成功运行模式后，采取"政府推动，示范带动，交流互动"等有效措施，先向敦煌市的其他城镇及区县城市推广应用，形成示范效应后，再大范围辐射推广。

（1）**政府推动：**本项目建设的洪水资源利用和生态农业综合技术，能够改善民生，是一项利国利民的系统科技工程，项目实施取得的成果具有良好的推广

前景。由于本项目成果的应用主体是政府，所以成果必须由政府积极推动，借助政府的力量，才能够快速推广。由项目组织单位成立推广技术小组，负责对示范成功的洪水资源利用和生态农业综合技术体系示范项目推广；由项目牵头单位成立指导小组，负责对示范项目的技术培训、指导、及提供相关技术。

（2）示范带动："榜样的力量是无穷的"，一定要先把洪水资源利用和生态农业综合技术示范推广建设好、运行好，打造成一个"样板工程"，建立生态环境治理与生态农业综合技术体系，切实发挥科技对社会管理与改善民生的支撑和引领作用，在全国范围内起到示范带动效应。

（3）交流互动：利用报纸、广播、电视、网络等新闻媒体，加强对科技民生示范成果的宣传力度，提高政府和群众对生态环境治理和生态农业综合技术的认知度，让政府和人民群众切实感受到科技民生工程的实惠。通过政府间的参观考察、调研学习、互访座谈等形式，让政府部门的领导实地参观，现场感受，加强对本项目推广的信心和决心。通过举办培训班，可为其他地区培训业务骨干。

亲历者说：何延忠　碧泊产业董事长

1986年，我24岁，作为一名地道的兰州人，来到阳关，缘于我的一个梦想——建立"祁连冰川高寒冷水鱼产业带"。我利用祁连雪山冷水资源，在家乡永登县成立了甘肃碧泊产业有限责任公司，在黄土高原发展冷水养殖虹鳟鱼产业，并成功填补了我国虹鳟鱼养殖的空白。

高寒冷水虹鳟鱼产业，基本不消耗水，经济效益却相当于种植小麦的600多倍，是最节水、最能使农民快速致富的产业。这个产业使永登成为全国闻名的虹鳟鱼之乡，全国60%的虹鳟鱼产量出自甘肃，永登又占到其中的七成。我也因此被评为"全国十大杰出青年"，受到党和国家领导人的亲切接见。

随着虹鳟鱼产业规模的不断扩大，效益越来越好，建设"祁连冰川高寒冷水鱼产业带"的念头也越来越强烈。为了实现梦想，不顾家人、朋友的反对，借敦煌政府招商以阳关古烽燧西南发展生态产业，千里迢迢来到敦煌市阳关镇，投资兴办敦煌飞天生态科技园，建设集科研、养殖、加工、生物提取、生态保护为一体的亚洲最大的沙漠高寒冷水鱼基地。

"当时好多人都投房地产了，但我就想建成一条祁连冰川高寒冷水鱼产业带，带动整个河西的人民都通过养鱼致富。同时，用冷水虹鳟鱼实现生态治理，让沙漠变绿洲。"

2001年3月，正是乍暖还寒时，率领技术专家和工作团队来到了阳关，在中国第三大沙漠库姆塔格沙漠边缘，开始了人生第二次创业之路。

阳关自古以来是敦煌抗击风沙的第一道防线。这里极度干旱，蒸发量是降水量的80～100倍，沙漠化严重，沙尘暴猖獗。沙丘每年以4至10米的速度向阳关逼近，对敦煌形成了严重的威胁。

由于严重缺水，树木栽了枯，枯了再栽，2千多米长的防风林带被沙丘掩埋，余下的200米也只剩下树梢，在与风沙苦苦抗争。

与此同时，被称为"旱极"的阳关，却洪涝灾害频发，长期面临水患的严重威胁。到了汛期，洪水挟裹着大量泥沙奔流而下，轻则污染水源，重则冲毁道路、农田和村庄等，给当地居民生命财产造成巨大损失。

在这里，防洪堤坝修了垮，垮了再修，洪水是祖祖辈辈过不去的槛。资料记载，阳关古城就是被一场洪水泥石流淹埋而消失的！

"必须千方百计治住水害沙害，守住阳关，不能让敦煌成为第二个楼兰。"我暗下决心，请来了不少生态水利专家，共同寻找降服水害、沙害的办法。通过阅读大量的书籍，从李冰父子修建"都江堰"、秦人修筑"万里长城"得到了灵感。决定修个"沙漠长城"阻击风沙，再建个"沙漠都江堰"导洪疏流，保卫阳关。

我把自己赚的2亿多元全部拿出来，开始了艰苦卓绝的"阳关保卫战"。

阳关的防洪坝为什么会垮了建、建了垮？我们经过考证，是因为阳关镇地势较低，敦煌、肃北、阿克塞的洪水全部汇集在这里，在这里修坝无济于事。我们决定，把拦洪坝修到阳关的上游，肃北、阿克塞山洪的出水口。

在肃北、阿克塞洪水出来的山口，修建堤坝拦截洪水，减缓流速；再开凿梳齿状分洪河道，把倾泻而下的洪水分割疏流在库姆塔格沙漠；又开挖蓄水工程，将分流的洪水分别拦蓄其中，积蓄的洪水下渗涵养水源，形成"地下水库"；在"地下水库"附近开挖侧渗截面，下渗的洪水经沙漠过滤变清后流淌出来，成为可利用的水资源；进而植绿种树，恢复生态，发展高寒冷水鱼养殖和葡萄种植。在库姆塔格沙漠的风口，高筑沙障，阻挡沙丘前移；修建蓄水工程，救活防风林。

10年来，先后移动沙丘石山500多座，拉运沙石料1亿多立方，修建了13条共93公里长的河道、21公里长的"沙漠长城"，在库姆塔格沙漠中建成了以

"沙漠都江堰"为龙头的治理洪水、沙害的综合系统工程。

在修建"沙漠都江堰"的工程中，因地制宜，创造性地利用沙漠、洪水治理沙害、水害，其以"害"治"害"的大胆创新，不仅为生态治理沙害水害提供了全新的思路，同时也竖起了保护敦煌阳关的三道屏障。

粘土固沙工程利用洪水带来的大量粘土物质覆盖于沙层之上，在沙粒表面形成厚厚的粘土盐壳，对移动的沙漠起到了固定的作用，形成了保护敦煌阳关的第一道屏障。

"沙漠长城"采取以沙治沙的办法，在库姆塔格沙漠风口修建沙障，有效阻挡了沙丘向阳关推进，形成了保护敦煌阳关的第二道屏障。

生态固沙是种植耐旱植物，生长后形成了保护阳关的第三道屏障。

与传统治理模式相比，"沙漠都江堰"的这种"分洪梳流治沙模式"效果明显。在这里，洪水好像安装了"水龙头"，沙漠则成了"过滤器"，水"害"化水"利"，新增可利用水资源 $0.6m^3/s$ 以上，沙"害"变沙"利"，实现了生存、发展与保护并重，经济、生态、社会效益并举，彰显出治沙、驯洪、富民等多重效果。

如今，在库姆塔格风口已经形成了长达 20 多公里、宽近千米的绿色生态屏障，把沙丘推出阳关 5.6 公里，原本被沙丘掩埋枯死的防护林又抽出绿色枝条，西土沟的溪流量，也翻了一倍多。随着生态效益的持续发挥，"沙漠都江堰"周边形成湿地 9600 多亩，绿化面积 2.6 万亩，荒漠化治理面积 56 平方公里，防风固沙面积 30 多平方公里，红柳、拐枣、梭梭等沙生植物十分丰茂。近几年，野鸭、黄鸭、灰鹤、仙鹤、天鹅、鸳鸯、翠鸟、白鹭等陆续来到这里栖息。

2012 年 6 月，这里被科技部定为国家级可持续发展试验区敦煌基地。2013 年 8 月，以中科院程国栋院士、郑晓静院士为代表的 30 多位科学家专门对"沙漠都江堰"的科技成果进行研讨，认为此项工程浩大、建成不易，其以"害"治"害"、化"害"为"利"的治沙治水思路极具创造性和推广性。

目前，中科院兰州分院在这里同我合作，成立了寒区旱区环境工程水文水资源工程研究中心，并准备申请建立院士工作站。

案例点评：

2013 年 10 月 20 日，由新华社发起的"中国网事·感动 2013"第三季度网络人物评选结果，"沙漠渔夫"何延忠入选。新华每日电讯对碧泊产业董事长何延忠的描述是："筑造'沙漠都江堰'和'沙漠长城'，让沙海变绿洲，洪水化甘流，何延忠和他的 26000 亩生态治理区、56 平方公里荒漠化治理区拱卫着阳关。"

看到这段话，我们可以套用上一些时髦的公关语汇，那就是一个现代企业家投身环保事业，践行"企业社会责任"（以下简称为 CSR），着力于"社区关系（community relations）维护"。但事实上，在此之外我们感受到的是一种发自心底的感动和敬佩，何延忠更像是一个植根乡土、勤恳坚毅、攻坚克难的"老干部"。在甘肃敦煌大漠，一个本地企业家连续十几年自掏腰包几亿元，治理侵害人民生命财产安全的水害、沙害，发展生态产业，在外部世界少为人知却能默默坚持，我想这也正是 17PR 总经理银小冬来到敦煌，偶遇这个案例时的内心震动与感佩。

我想，感动之外，碧泊产业的案例，给我们带来的一种奇特的对比效果。因为说到"企业社会责任"，总是容易让人联想到几个意象，即某个来自都市的大型知名企业，大手笔的公益慈善捐助，对乡村边远地区和弱势群体的扶持，媒体的集中突出报道等等。与碧泊相比，这种更为常见的模式有两个问题值得反思：

1. 企业 CSR 是"及时雨"还是"造雨机"

对于被扶持的地区和人民来说，来自都市的先进理念和资金援助就像是来了一场"及时雨"，但是这场雨可能来得快又去得快，一旦雨停，人们的生活又重回困顿。这是因为制造"及时雨"的企业与被扶持区域之间的关系是一种遥远的观望和被观望的关系，两者间缺乏制度上、文化心理上和社会发展结构上的内在关联。这种脱节甚至会造成捐助者意愿和受助者需求的断层和错位。但即使是一场供需对接的"及时雨"，给当地人们带来的也常是一种临时、短期的"施舍"，就算投入大量资金以维系一定的持续性，也通常不能从根本上解除造成他们生存困境的问题，且难以有效地提高当地人民自身"造雨"、"灌溉"的能力。

而碧泊的案例让我们看到：一个来自本土、依靠当地特殊的气候与渔业条件发展产业、深刻了解当地民众疾苦的企业家，在自身产业拓展的过程中意识到环境带来的制约作用，也亲身经历了环境破坏带来的重大损失（2011 年特大洪水泥石流把鱼塘摧毁淤平，鱼苗全部冲走，8 千万元投资付之东流）；然后下决心先投巨资治理环境，在生态优化的过程中寻求企业经济利益与社会效益的双赢。同时，碧泊通过多种交流互动，争取政府和政策支持，提高当地民众对生态环境治理和生态农业综合技术的认知度，吸纳民众进入企业就业并为其提供较高的稳定收入。碧泊案例的特点在于通过本地企业的行为持续改善大环境，也为民众科学造雨，授之以渔。

2. 企业 CSR 是要"名利双收"还是要"实干苦干"

再从企业制造"及时雨"的动机来看，当然不乏有企业真心关切社会问题，愿意以企业财富化解员工、股东之外的大众苦楚，但通过这些活动来塑造自身在行业内和社会上的良好声誉，从而获取中远期的经济利益，也是不言自明的目标。因此，企业在 CSR 实践中常会有大量的传播投入，且非常注重其传播效果，这本无可厚非，但部分企业剑走偏锋，夸大宣传，CSR 俨然成为一种企业"争名夺利"的新方式，结果被犀利的专家和媒体识破，公众也常用"作秀"、"炒作"来讽刺企业的行为，企业反而"名利双输"。

这就让我们思考，企业 CSR 到底是为了"做好事"还是"博美名"，两者之间如何平衡。换句话说，事情办好是基础，夸大了小的好事不道德，但做了好事无人知也不利于综合效益的发挥。

在对碧泊案例的调研过程中我们发现，虽然近两三年来甘肃省内报纸和新华社等媒体对他们的先进事迹有所报道和推广，但总体来说他们还是"干得多、说得少"，这种"苦干实干"的精神让人敬佩，也确实逐步迎来了更多的政府资助和民众信赖。但是从长远看，如何在"先进模范宣传"的模式之外，依靠企业的公共关系部门和外部的专业咨询公司，对于企业的品牌形象、产业模式、商业价值、合作前景等有更为全面、深入、有针对性地传播，也是摆在碧泊集团眼前的一个课题。

说到这点，又跟第一点反思联系起来，如果不同区域的 CSR 相关信息能在全社会更广泛、迅速地传播，不仅有助于目前"苦干实干"的企业获得更多的传播效益，更能让来自远方都市的企业通过本地企业了解到更"接地气"的社会需求，从而调整自身的 CSR 实践模式。例如外部企业通过与本地企业、政府、社会组织等在资金、技术、经营模式上的多种合作，实现对当地持续的、深入的扶持和帮助等。如此以来，对企业 CSR 对"及时雨"模式的依赖有望转化成一种区域资源整合互补的整体规划，更好地发挥 CSR 的实际效果。

点评专家：张洁
中山大学传播与设计学院公共传播学系讲师
中山大学公共传播研究所研究员
复旦大学国际公共关系研究中心助理研究员

a's Most Influential Public Relations Case Studies in 201

s Most Influential Public Relations Case Studies in 2013

China's Most Influential Public Relations Case Studies in 201

a's Most Influential Public Relations Case Studies in 201

2013 最具公众影响力社会化媒体应用案例

快乐男声"蜂蝶战略"90后粉丝社群关系管理

执行时间： 2013年5月23日至10月7日
企业名称： 天娱传媒有限公司、灵鹤互动
品牌名称： 2013快乐男声
获奖情况： 2013最具公众影响力社会化媒体应用奖

项目背景：

众多选秀栏目纷争的2013年，社会化媒体横行的2013年，《快乐男声》如何能够在数字时代独占鳌头？一只来自平民的破茧蝴蝶翅膀一振，如何掀起亿万级网络数据量的蜂鸣声为之呐喊？90后的热血青春躁动，如何通过数字化媒介演绎心中偶像怒放之旅？灵鹤互动与快男团队共同走过133个昼夜，在这个选秀争霸的夏天，捍卫了快男粉丝的眼泪依然值得、依然珍贵。

1. 阔别三年《快乐男声》强势回归

作为湖南卫视与天娱传媒联合打造的十年金牌选秀节目，《2013快乐男声》于2013年6月29日热血播出。按照播出方式，比赛分为两个阶段，6月29日起总计6期的海选录播剪辑与8月9日起总计14期的直播。节目首次引入"V神机制"，即明星大腕代表民意参与超级偶像选拔，将更多明星大腕纳入赛制，制造话题。

2. 首次使用社会化媒体形式进行传播

快男通过直播比赛和《想唱就唱》幕后花絮剪辑，同时开放YY真人秀，360°培养受众粘性。由于受众年龄偏低，上网频次普遍高于看电视，因此开赛就将舆论阵地重心安置在社会化媒体上。

快男首次应用社会化媒体推广，可以使用的前人经验少之又少，我们只能通

过应用现有社交媒体微博、论坛、贴吧、QQ社群等渠道，在推广期间不断积累经验并调整传播战术来达成最终目标。

3. 关于《快乐男声》声誉管理的思考

《快乐男声》每一期坚持赛制保密与直播的理念，使其从66进20突围赛直播第一场开始，传播就存在了不可预知性，不仅选手个人话题难以预估，舆论方向更加难以把控。如果没有显著的敏感度，就可能因错过一个话题点而错过最佳引导时机。

另外，主要受众年龄段大多为90后，这个张扬个性的时代人群，要把握他们的喜好与心理共性，管理好他们的舆论方向并引导自发传播是另一个难题。

4. 同时段选秀节目收视竞争惨烈

最后，6月至9月作为各大电视台必争的黄金期，快乐男声还受到了同时段同类型歌唱类选秀节目的冲击，如何突出重围抢夺收视也是本次传播的一大主题任务。

从历届快男的比赛历程来看，海选看热闹、突围看门道、决赛淘汰看实力与粉丝力量、总决赛则是天时地利人和缺一不可，而淘汰赛与决赛则是选手真正聚集人气，增强粉丝粘度的黄金时期。而社会化媒体传播的话题量及方向也往往随着节目进度的推进而逐渐明朗化。因此无论是热闹还是门道，决赛前的传播对于我们而言是积累数据与了解受众话题方向的过程。但是决赛直播往往才是真正硬战的开始。

项目调研：

1. 90后时代目标受众特质与传播特性把控

关注并讨论快男话题以初高中生为主，年龄在11~20岁左右。从历届快男、超女来看，对这个年龄段的粉丝来说，通过快男方式出道的新偶像是与他们共同成长的一代，他们与偶像一样渴望梦想、勇于追求，从初出茅庐到追梦成功，经历挫折与磨练。一旦建立联系，就会产生心理上的强关联，他们会因成为偶像出道的第一波粉丝陪伴偶像成长而骄傲自豪。因此，在造星运动中，找到心理动因并为偶像及粉丝之间打通这种关联，积累粉丝人气十分重要。

然而90后作为被社会评为"最敢做自己"的一代，他们在情绪上较少有中间状态，往往表现感情的方式偏向实际行动，只要稍作话题引导就会尽己所能为偶像"赴汤蹈火"。我们在历届粉丝群抽样调查中发现，因其学生的特性，在校期间会受班级讨论话题的影响，这样或导致一个班都是某一个选手的粉丝，或分为几派站队。因此在传播中只要到达其中一个或几个，就有可能因共享信息而达到蜂鸣的效果。同时他们是贴吧及微博上的活跃人群，故贴吧及微博的舆论战略地位十分显著。

2. 受众分层分类区别对待

就触及更广泛人群的角度来说，90后粉丝团体自发在贴吧及微博上发布的内容往往缺乏足够的深度。因此，贴吧及微博虽然是主阵地，但是内容创造时需要将受众进行分层，从而争取更广泛的观众基础。

我们将受众分为三层，以此种方式将社交媒体用户概括穷尽，即所有社交媒体用户皆为传播对象：

（1）第一类核心目标受众应为忠实粉丝群体，他们往往为了让自己的偶像得到更好的发展，会关注一切信息，这部分人群只要将内容推送至一到两个人就会像病毒一样蔓延开来，同时也是影响力最大的人群。

（2）第二类受众是专业媒体从业人员，他们手中握有话语权，一般更愿意从专业、前景、娱乐八卦的眼光看待选手或站在更高的角度看待比赛全局，他们判断信息价值来源于时新性、重要性、显著性、接近性及趣味性。他们是目标受众的影响者，尤其在前期，他们对快男选手、比赛的评价会直接导致目标受众一些先入为主的观念。同时他们也是个人，具备自身喜好，因此随时可能转变为某一个选手的粉丝。

（3）第三类受众即最外围受众是普通网友。他们往往对比赛不热衷，仅仅是为了看热闹或明星八卦，但是这部分的人非常有机遇转化为一类核心受众，因此针对他们的传播首先要学会对快男这类娱乐事件进行社会化挖掘。

3. 实时网友关注度分析，调整传播方向

《快乐男声》项目中实时对网友关注度进行分析，实时调整传播方向分配话题投放量。下面以项目中期，即决赛前为例。

自6月29日~8月3日，关键词"快乐男声"百度平均热度91843。比赛当日及次日网友关注度最高，且呈集中上升趋势。

自6月29日~8月3日，关键词"快乐男声"新浪微指数平均值141186。比赛当日及随后两日微博网友关注度最高。

因此，《快乐男声》话题热度一般随节目播出可延续两日，而在这两日中投放话题也最易引发共鸣与传播度，并且引发大量讨论的话题多数为直播的突发状况。

项目策划：

今年的快男是个盛宴，湖南卫视充分利用本台资源打造出两档节目，一档为录播 6 期直播 14 期的《快乐男声》，一档为播报幕后花絮的《想唱就唱》，并联合 YY 线上直播 24 小时真人秀，360°全方位构筑偶像文化。其核心目标只有一个：将快男的全方位偶像文化用格式话题构筑，并渗透进大众生活，从小话题引发蝴蝶效应。

1. 阶段性制定策略目标

由于快乐男声作为选秀节目分为几个阶段，我们又根据阶段的不同分别制定出能达成最终目的的阶段性策略目标。根据播出前，多个选秀节目共存状况下及总决赛期间三个阶段达成阶段性目标策略，同时围绕选手人气、收视率及话题量对目标进行衡量。

第一阶段为线下海选期间即播出前，此部分的目标基本围绕快男开播首期的收视率展开，从海选开始为比赛吸引关注聚集人气。

第二阶段为海选阶段至决赛前，此期间各家竞品节目纷纷上线，更加需要保证收视率，增加话题热度，使快男通过不同媒体方式进入受众视线，并有效规避风险。

第三阶段为决赛期间至总决赛阶段聚焦选手本身，维护粉丝关系，引导粉丝创造内容，将快男的偶像文化渗透进社会化媒体的方方面面。

2. 策略原则

已知了目标与受众及传播难点，结合社会化媒体舆情瞬息万变，话题决定传播度的特征，我们制定出了一揽子原则指导后期执行。

（1）线下海选期间：挖掘一切周边话题与媒介机遇点与 90 后青年兴趣点进行匹配。在播出前期，极度缺乏选手个人传播点的情况下，挖掘一切快男周边话题，包括明星评委八卦、海选帅哥、奇葩装扮、音响设备、舞台设计、赛制吐槽、神剪辑等，各个方面对快男进行全方位预热。匹配90后青年兴趣点情况，明星评委八卦、海选帅哥、奇葩装扮、神剪辑及赛制吐槽成为重点挖掘话题点。在挖掘话题过程中，需要考虑媒介特性，90 后用户的集中社群如 QQ 群、贴吧、猫扑、天涯、微博等地进行话题重点投放。根据微博的互动特性，设置话题时要尽可能将当红明星微博及明星粉丝群体微博纳入影响范围，引起转发兴趣。

（2）海选阶段至决赛前直播：充分预估直播中的机遇与危机。所谓机遇点，就是能在直播前或直播过程中或直播后能引发网友大面积讨论的内容，因此面对机遇点需要抓住并扩大影响力。而危机，也许很多人认为被人爆料内幕是危机，然而对于快男来说，真正的大危机只有一个，即无关注度，无讨论点。但是小危机也有可能引发观众的负面情绪，需要从多元角度进行规避。此策略的重点在于"预则立，不预则废"，以便在直播中做出快速反应。面对机遇点，迅速在各大媒体扩散扩大影响力；面对危机点，根据危机的不同维度（如节目、制作、选手、评委或 V 神的各类差评）分析原因，以网友角度给出理解与宽容。

（3）决赛期间至总决赛阶段：三大策略针对话题深入挖掘。

1）对快男偶像进行平民化运作。目前市场上存在的偶像大多高高在上无法亲近，但是考虑到 90 后对社会阶层概念不深，且自我认知清晰明了的特征，偶像与粉丝在社会化媒体中最好的关系应是近到就像隔壁家的大哥哥。而这种偶像平民化的运作，需要深挖偶像作为群众时期的各种故事，并将正面能量故事通过社会化媒体讨论放大，产生蜂鸣式营销的效果。

2）将娱乐话题进行社会化挖掘。快乐男声本身属于娱乐事件，其话题关注人群一般偏向低龄，但是对娱乐话题进行社会化挖掘之后，能解决两个层面的问题，一是跨越年龄界限，话题形成社会关注度；二是社会化媒体挖掘，引入多媒体平台共同参与。

根据受众分层，我们将娱乐话题社会化挖掘之后，其感兴趣的话题点可以分成以下几个种类。这些话题大多独立存在，可以当做话题方向在社会化媒体上进行传播，但是进行社会化挖掘后的话题能在广大粉丝中产生强大的影响力。

针对亲情，选手家庭环境的"华晨宇：富二代又怎样"、"欧豪：穷人的孩子早当家"、"白举纲和张阳阳：爸爸好的孩子不会差"等。针对爱情，选手的爱情故事的"左立与熊小姐：异地恋的未来在哪里"。针对过来人，评委的成长历程的"李宇春：我也曾有一个孤寂的童年"等。将选手、评委均作为社会中的一个元素进行考虑，话题直接拉近了与受众间的距离，引发受众好奇心，从而达到关注比赛的目的。

3）把握时间节点，培养受众粘性。根据项目调研中的数据，直播当天与播出后一至两天是话题高峰期，在此期间，需要打好时间节点战。提前两天将机遇点制成话题预热，在周五当天加大话题投放力度，并在结束后两天内将话题进行扩散发挥，并在不同媒介中产生交集反应。直播当天将信息着重覆盖至一线核心受众的媒介，如快乐男声贴吧、新浪微博等，使受众形成看快男，贴吧微博一起刷的习惯，同时将好的话题分享至天涯、猫扑等地，扩大受众范围。

项目执行：

社会化媒体世界的舆情瞬息万变，除了知己（已有机遇点、话题点）知彼（受众关注话题）外，还要顺势而变。

1. 周五的时间段声势战术

每周五作为快男直播阶段最重要的日期，我们的工作节点从下午5点开始，按照半小时为一个节点展开。各时段整合并创造各类视频、GIF动图、图文内容进行传播，通过影响核心粉丝群扩散至全网，使传播既有深度又有广度。

八卦心理蜂鸣式营销：三层受众对话题的敏感度有一个共同的特性——八卦。而八卦之所以吸引人，是因为受众可以将其当做茶余饭后的谈资，成为线上八卦线下传播的一种途径，而大量的每天都有不同的新鲜的值得与人分享的八卦的产生，也逐步培养了受众粘性，习惯性每日上网调查新的八卦。这种八卦，在社会化媒体传播过程中，我们将之称作小话题。

我们对小话题进行了以下分类：

（1）关于情感：

爱情：左立与熊小姐、嫁人就嫁白举纲等。

亲情：小强与姐姐、爸爸、妈妈等选手与自己家人之间的关系等。

友情：王启、耿琦与华晨宇等快男在城堡中的生活等。

"基情"：于湉与华晨宇，张阳阳与欧豪，白举纲与宁桓宇等特别要好的男生关系解密等。

（2）关于个人：天才华晨宇的童年、地才欧豪的家境、人才白举纲的老爸等。

（3）关于错综复杂的关系：华晨宇与尚雯婕、黄绮珊与范世琦、黄绮珊与白举纲等。

（4）关于评委：陈坤调戏于湉、陈坤与谢霆锋不和等。

（5）关于V神：欧豪成了V神海清的神、小四见证一米八的时刻等。

并且利用播出当天贴吧、YY、微博上的人气，将话题编辑成具有八卦性质的内容传开，蜂鸣效果也因此产生。

2. 第一时间内容分享

（1）内容创造快速。在面对直播的两个小时中，我们要做的是根据直播的现场状况实时创造内容，基本与直播同步，并第一时间将内容分享至最主要的几大社会化媒体。在内容形式上，不仅是图文内容，还有GIF、多图长微博，这曾在5进3比赛虐心大戏中，一度创下两小时内创造内容87条并发布328条的记录。

（2）多渠道捕捉话题，全网共享。通过人工监测，发现全网具有传播度但

因粉丝或渠道原因未能产生大影响的话题，并将这些话题共享至其他媒介渠道。我们在全国突围赛阶段人工监测过程中在贴吧中发现了下图图片，然后通过媒介部门的协作快速分享至微博、天涯、猫扑，最后"行行出状元"成为当时粉丝群中最热门的一句话。

3. 粉丝群社区多元化互动

在快乐男声进入到十强决赛阶段，其所有的比赛都是为了聚集人气。而社会化媒体的传播在此阶段的目标之一是维护粉丝关系，引导粉丝创造内容。在快男十强决赛阶段，粉丝 QQ 社群共 40 个，平均每位十强选手有 4 个官方 Q 群，大部分 Q 群为千人大群，因此 40 个 Q 群意味着 4 万核心粉丝的力量。

在互动量就是衡量社会化媒体传播效果 KPI 的现在，4 万的粉丝群能利用好就是巨大的互动宝库。

而粉丝群体之间微妙的关系基本围绕偶像间的相互关系展开。

（1）铁关系类别的双方粉丝是真正统一战线，即无论哪一方被淘汰，其粉丝都会并入另一方继续加油，即 5 进 3 的时候于湉被淘汰，"甜甜圈"们直接加入了"火星人"在总决赛阶段为华晨宇加油。

（2）兄弟类别的双方粉丝只可称为关系较好，但粉丝间的关系则是忽明忽暗，没有绝对的朋友，只有突然间的结盟。

（3）疑似矛盾类别。基本上粉丝就是相互不待见，因为粉丝有时候比选手本身更敏感，只要闻到双方之间有火药味或者不和谐的感觉就立马会展开讨论，以防自己的偶像受委屈就会联手其他粉丝打压另一边的粉丝。小强淘汰那场对华晨宇的感觉很怪，粉丝间立马展开了讨论，第二天 YY 直播聊天中就演变为双方粉丝互相指责。

粉丝间各种各样微妙的关系利用恰当则对于传播来说是无价之宝。比如我们在微博中发布#每个人眼中的华晨宇#话题时，不仅在"火星人"QQ 群中留言邀请大家一起讨论，还会在"甜甜圈"、"柠檬"等相互之间关系好的 Q 群留言，同时，为了话题热度，也会将话题链接分享给"娃娃鱼"，看双方激烈的唇枪舌战。最终直接将话题送上话题榜并被《想唱就唱》相中，打通了线上与电视节目间的联系。

4. 舆情控制与管理：实时负面监测机制与快速应对机制

面对社会化媒体舆情的瞬息万变，我们实时监测舆情情况。根据选手姓名、快乐男声等关键词进行全网监测，每周的舆情报告周一至周四每天一份，周五从17点起至24点每半小时提供一次舆情报告。我们会根据舆情报告了解受众关注话题点，调整话题方向，同时根据媒体平台讨论数，制定当周重点传播媒体；根据社会化媒体平台讨论话题不同判断该媒体年龄段与性别构成，从而制定针对该社会化媒体的传播话题。项目执行至结束，重点媒体权重最初倾向明显为快乐男声贴吧与微博，后期猫扑、天涯的话题量也开始上涨，可见娱乐话题社会化挖掘策略执行效果明显。

项目效果：

快男在2013年9月27日的振奋感动中落下帷幕，从海选到决赛，历时5个月，共20场比赛播出。

在微博、贴吧、论坛三个年轻人聚集的媒介渠道，传播相关快乐男声相关信息，引发网友关注比赛。

以湖南卫视粉丝群、快乐男声粉丝群、四大评委粉丝群、主持人粉丝群、V神及嘉宾粉丝群、娱乐爱好者、音乐爱好者、学生群体为主要传播对象，同时覆盖普通网友，将快乐男声的超级偶像选秀与青春相结合，将快男成为受众的青春记忆。

1. 首年社会化媒体应用传播价值超出预期

数据显示，从6.29男声学院开始至今，快乐男声仅在优酷网上的总播放数就突破了1.6亿次，再加上乐视、爱奇艺等视频网站的强大平台的播出，快男视频的播放次数覆盖了可观的选秀粉和年轻人。许多粉丝在看完直播之后，还会一而再再而三地观看喜欢选手的视频。

快男在新浪微博上影响力巨大。仅关于华晨宇的讨论就达到了200万之多，在所有选秀节目选手的话题讨论中遥遥领先。在9月13日直播前后4小时，在新浪微博的讨论中，共有5个话题上榜。其中关于#快乐男声#的讨论，位列排行榜第二。而直播当天，7个正面的粉丝团话题上榜。

百度贴吧中"新声"人气飞跃榜总榜单中，华晨宇以1895万票高居榜首，领先第二名姚贝娜400多万票。另有魏一宁、于朦胧、欧豪等6人全部入选百度"新声"人气飞跃榜总榜单Top10。

另外，在投放原创内容期间监测到2013快乐男声及选手、评委话题总量数约4790000条，其他如V神、帮唱等话题数量更加不计其数。

2. 社会化媒体应用获得媒体好评

新华娱乐：直到29号，一觉醒来，当我们拿起手机，打开电脑，进入虚拟社交世界时,才发现,一夜之间精心准备的社会化营销的大戏已经拉开帷幕,在主流门户新闻网站还没来得及反应、爆料量极少的情况下,社会化媒体率先发起攻势,资源的调动、内容的准备、对社交媒体的深度理解与熟练运用,这在国内电视选秀品牌史上是史无前例的,不得不说,湖南卫视打了一场精彩的节目营销"代理战争"——不在自己的传统优势战场,而是转向网络,借势社会化媒体的自发传播力,这一招够狠够准,凭这一点,足以让竞争对手们另眼相看。

麦格时光网:今年快男在网络营销上则是比较文艺。依靠强大的嘉宾团队和芒果台支持人微博矩阵,在《快男》的预热阶段,推广效果很不错,话题量一度超过《好声音》。

3. 比赛结束快男的商业价值更加凸显

比赛期间为快男十强积累了超高人气,如今冠军华晨宇任意一条微博的转发评论总量都在 10 万条以上,这即使是被称为微博女王的姚晨也不曾达到的数字。

比赛结束后,快男余温不减,其人气所带来的商业价值日益凸显。众筹网上快男主题电影上院线项目,通过零散集资达到了 500 万,快男北京专辑发售首签会仅远洋未来广场一场完成 6000 张签售,总计价值 33 万元。冠军华晨宇以出道新人身份签下炫迈口香糖百万代言合约,左立、欧豪、华晨宇代言苏宁广告,据内部消息欧豪更是斩获 3 家高端品牌代言合约。

这些商业成绩单,与快男高质量的电视制作分不开,社会化媒体的应用在粉丝聚合上更占据了重要的一环。在人气越来越成为衡量商业价值的标准之一的今天,由粉丝粘性、购买力、死忠程度产生的直接价值也有了一个全新称谓——粉丝经济。虽然这并非快男超女系列第一次打造粉丝经济,但是在社会化媒体上的尝试还属首次,并且首战开启电视类节目社会化媒体传播新局面。

亲历者说:杜晨静　灵鹤互动客户经理

快男项目亲历者说:好的传播是理性与感性的综合反应。

身为快男项目亲历者,我们经历了密集的三个月节目传播期。这三个月紧张又刺激,伴随比赛的白热化,传播也逐步进入冲刺,本项目最后形成的良好新星粉丝生态链充分证明了社会化媒体在粉丝关系管理上的价值。也充分验证了社会化媒体作为快男粉丝经济大战略的一部分,传播应与大局息息相关,更深一层挖掘就是理性与感性的综合反应。

首先,理性定位媒介属性,数据挖掘贯穿全局。

这个项目的特别之处就在于快男超女系列 10 年品牌本身就深具关注度并且电视本身就是媒介，因此，在项目之初我们曾一度疑惑，社会化媒体在高关注节目中能起到怎样的作用。这种疑惑并没有持续很长时间，因为我们在项目之初就对快男信息进行了全网数据挖掘，对历届快男超女比赛时期的信息进行整理之后发现：①粉丝年龄大多为初、高中学生，大龄粉较少；②粉丝低龄化现象，即每届快男超女的粉丝的最小年龄段（小学生）在逐步增多；③贴吧是历届粉丝聚合地；④偶像间的亲密关系决定粉丝间的亲密关系；⑤随着比赛进行，粉丝间的唇枪舌战也会升级。这些分析结果让我们确定了受众格局与目标：以维护初、高中粉丝为主，正确引导小学生为辅，大力发展更有经历的大龄粉。这样便同时明确了社会化媒体在快男项目中的定位：各大粉丝群体关系的管理员。根据定位和目标我们同时确定了两个最主要的渠道战线：贴吧（维护已有粉丝关系）、天涯和微博（大力发展能创作优质口碑内容的大龄粉）

这种数据挖掘贯彻比赛始终，通过挖掘，我们在 9 进 8 的比赛时就已知华晨宇的粉丝数量呈直线上升趋势，并且粉丝结构非常合理，大龄粉与中学粉的比例恰在 1：2 左右，小白的大龄粉数量是在唱完《太阳》那场比赛之后成长出来的，同时还出现了一个强大的白菜姐姐团。因此我们在做相关内容需要引发大龄粉讨论参与时，会着重考虑做"花花"与"小白"的内容。

这种数据挖掘的理性做法最大好处就在于我们能时刻掌控全局舆论，从语境分析各年龄段粉丝心态与偶像间亲密关系，并为后期整合几乎所有粉丝的力量力挺快男三强争霸赛最后一场决赛奠定了理性基础。

其次，感性内容不是调动而是理解。

当然，仅有理性分析是远远不够的，最重要的是成为他们中的一员。曾有个同事在决赛当天感慨道：要结束 3 个月的 NC 粉时光，居然还有点舍不得。因为我们从十强直播赛开始每个人都有一个最重要的任务：混迹各大粉丝会。这种混迹不是要调动他们做什么，而是理解他们的思考方式、兴趣兴奋点和充分理解动机。90 后受众有一些非常明显的特点：①不做无用功，就是会思考付出与所得到比例；②重视个性，求同存异；③敏锐的感知力，是不是一伙儿的，从字里行间就能知道。这也是为什么有心人曾从中挑拨某两个快男间的关系最后却被所有粉丝打压的原因，他们有自己独立的判断力。因此，我们只有成为他们中的一员最好是重要一员才有可能在一些重要事件与时间点，与他们达成一致形成统一战线而不成为"通缉对象"。因此，在内容创造中所谓的感性其实就是粉丝的代入感和充分理解，这样在劝合关系或是聚集力量时才会真诚有力。

我们一直认为，快男项目的成功是因为我们清楚地知道自己的角色，明白自身的价值，并且最重要的是与受众直接在一起。社会化媒体其实是一项深具挑战的工作，一个项目是否能做好，与其中丝丝相扣的各个环节密不可分，每一个环节细致地深入都能让我们了解到一个巨大能量场的存在，只要找到这个能量场所有的投石都会问到正确的路。

案例点评：

这个大型公关活动的案例，时间长、规模大、开放度高，因此难度相当大。一般而言，能够承办和有机会承办这样大型公关活动的机构和团体不多，因而作为一个成功的案例，它是应该被认真地、反复地阅读研究的。即便以后没有这样的机会，把它一些成功的经验运用到中、小型公关活动的策划中，同样也可能锦上添花、增强活动的正面效果。

我觉得这个案例可借鉴的经验主要包括如下三点：

第一，对"新事物"的敏锐反应和勇于尝试。2013 年是新媒体"霞光万道"之年。在央视和各地卫视选秀节目竞争激烈、各个电视台都在穷尽电视这一传统媒体所能提供的"最后的晚餐"，即它所能提供的最大传播效果之际，湖南卫视的"2013 快乐男生"营销推广另辟蹊径，采用了社会化媒体这一新的传播途径。这一创意在事后看来也许并不很"创意"，然而当我们回到当时的历史节点，我们应该承认，这对于传统媒体而言实际上意味着一次革命，预示了传统媒体在新的时代环境下突破前行的一种方向、一种尝试、一种敢于弄潮的豪气。创新是策划的灵魂，而创新又是以对新事物的敏锐反应和嫁接为特征的。"春江水暖鸭先知"，2013 年走红于大江南北的"大黄鸭"，也是因为浮于江水之上而被万众瞩目的。

第二，对目标受众的精确把握和精彩链接。"快乐男生"要成为少男少女的"牵魂之旅"，对少男少女这一目标受众的特点把握无疑是不可或缺的，然而要让这些特点扬长避短、把专业媒体从业人员纳入目标受众的体系，使之实现互动，并且以此带动第三类受众即普通网友实现三者之间的互动，却是一个高招。互动从来就是公关活动正能量的"充电器"，但在这一案例中，让专业媒体从业人员成为主动的互动者的理由是什么，以及如何把他们拉入伙、并且要有积极的表现，又是能否实现互动的关键。从案例提供的结果来看，专业媒体从业人员在目标受众之间的互动作用是发挥得比较充分的，但是这些专业媒体从业人员积极参与的内在动因是什么，案例报告中未能给予详解。我想这大概可以从弗洛伊德的"父女情结"、"母子情结"的理论中去探寻动因。而如果这一切都是依靠经济手段来实现的，也就未免显得浅薄。

第三，精选高素质的团队成员和运用灵活应变的管理方式。在本案例的报告中，并未涉及团队成员和数量的介绍，也未自夸管理运行的高效。但是过程本身的介绍已经隐现了该团队中的底牌。若不是高手云集、个个倾心投入，若不是相互间时刻保持着"无线联络"，若不是一经发现机会立刻蜂拥而上、直扑网络、穷追不舍，也就不可能创造一个个热点、一个个高潮，也就不可能把一个如此大范围、如此长持续、如此大开放因而也就如此充满了不确定性的公关活动做得有声有色。

做公关不难，难的是做好，由此可见一斑。

点评专家：张云

华东师范大学教授

海市公共关系协会学术委员会委员

公共关系奖学金评定委员会副主任兼办公室主任

唯品会"名证言顺"微博推广案

执行时间：2013 年 9 月 23 日至 9 月 4 日

企业名称：唯品会

获奖情况：2013 最具公众影响力社会化媒体应用奖

项目背景：

说到打折特卖，用户普遍会联想到尾货、仿品、过气等，而这些大众认知与唯品会的本身的特卖是相背离的。

（1）传播诉求：重塑用户对唯品会特卖的认知，传递唯品会特卖也品质，也时尚，营造上唯品会是一种品质生活的风尚。

（2）传播目标：向目标受众传达唯品会的品质品牌概念——唯品会特卖≠甩卖！唯品会特卖＝时尚人士的品质生活方式！

（3）执行地域：全微博。

项目调研：

唯品会为时尚特卖网站，新浪微博中有数千万时尚白领人士与唯品会目标客户相符。

项目策划：

（1）传播手段：圈群、深度、体验——用名人明星、时尚意见领袖、精准草根三层账号渗透目标受众。

（2）传播路径：名人明星体验、引导，时尚名模证言、分享，精准草根热议、扩散，三管齐下传播唯品会品牌信息。

（3）传播重点："名证言顺"——用名人明星的真实体验、证言发布在社交媒体上，让唯品会品质品牌概念在目标受众心中顺理成章。

（4）传播概述：

明星账号：通过微博易专利 SNBT 技术分析，选择 5 位不同行业的明星在微博上引导大众都去体验唯品会特卖购物！名人微博关键词"时尚、女性、奢侈、品质、娱乐"。

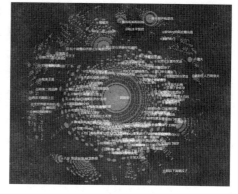

名模账号：通过微博易专利 SNBT 技术分析，选择 11 位拥有时尚话语权的模特在微博上分享唯品会的购物体验！名人微博关键词"时尚、女性、潮流、品质"。

草根账号：通过微博易专利 SNBT 技术分析，选择数百位时尚、购物相关账号转发名人微博，增加 7.2 亿粉丝曝光量（不排重）！草根微博关键词"购物、时尚、女性"。

（5）传播亮点：

郭敬明博文的"你们猜是什么"三分钟评论上千，受到全网调侃与热议，上升当日热门微博 TOP 2、神右榜 TOP 2。

刘涛微博 10 分钟转发上千，上升当日热门微博 TOP5，粉丝通过唯品会与刘涛产生交集，虚荣心得到满足，并展开与唯品会相关话题互动。

传播当天，吴昕与海涛告白话题使得吴昕占据综合热搜榜、名人热搜榜第一，增加唯品会营销内容的曝光率。

苏芩晒唯品会买来的"不打折的时尚"，并从心理角度剖析，解读了大众用户对特卖的偏见，引发用户共鸣与热议，博文持续关注，上升热门微博 TOP27。

赵奕欢晒孝心正能量，用户力赞"价钱打折，孝心不打折"，超低折扣勾起了粉丝用户购买需求，博文持续热议，上升至热门微博 TOP19。

天才小熊猫对名人及名模在唯品会上购物进行趣味盘点，唯品会的名人营销得到了二次曝光。总结微博转发过 2.2 万。

项目评估：

（1）传播总结：推广后，唯品会品牌提及次数增加 101 万。

推广期间，唯品会热议程度明显高出 8 月份整体水平，并在郭敬明传播当天达到热议高峰。

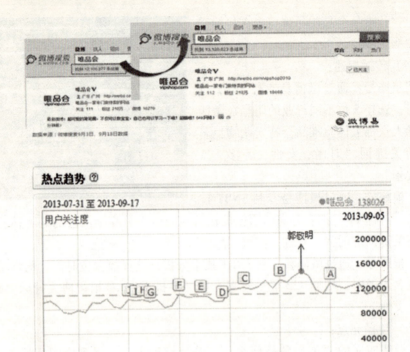

热点趋势 ②

2013-07-31 至 2013-09-17　　　　　　　　　●唯品会 138026

　　（2）创新价值点：巧妙利用大批名人、意见领袖等在社会化媒体上的影响力引导目标受众对唯品会的品牌直观感觉，并配合精准草根微博账号进行信息的大量扩散。手段简单，效果却立竿见影。

案例点评：

　　读了这个案例，又一次勾起了我困扰已久的一个问题，即在公共关系案例教学中到底应该以"经典案例"为主还是以"新案例"为主。因为在很多学校、包括我们学校公关专业的教学计划中，这门课的名称是《公共关系经典案例分析》。所谓"经典"，是指经过一定时间检验的"典型"，它当然是值得我们反复咀嚼的，但同时也可能存在着落后于时代的问题；而新案例因为没有时间的积淀，往往昙花一现、缺少持久的生命力。能够把两者结合当然是最好的，但这需要大量的案例的储存，而在这个急功近利的时代、浅尝辄止的专业队伍中，要想做到这一点实在很难。

　　这是一个全新的案例，是我20年前搞企业策划的时候不可能遇到的案例。那时候没有这样的企业、没有这样的传播方式、没有这样先进的理念。十多年前给"背背佳"策划的时候，它没有工厂、没有店铺，已经算是新型企业了，但与今天的"唯品会"比起来，还是不能同日而语。"唯品会"没有自己的工厂，但只要它愿意，谁都可以是它的工厂；"唯品会"没有自己的店铺，但只要用户有需求它都能把用品送上门。传统的企业与它相比，当然已不在一个档次。

给这样的企业做推广，当然首选方式应该与企业的运营模式相一致。2013年最红火的是微博，因而选择微博推广的方式应在情理之中。最困难的是——在海量的微博发布者（包括转发者）、天量的微博信息中，你所要推广的信息如何脱颖而出？

在本案例中，项目策划的精髓可以概括为如下三句话：用名人明星体验、引导；用时尚名模证言、分享；用精准草根热议、扩散。这三句话把它分开来看，前两句都没有太大的创意，都是经典案例中常用的手段；但第三句话要做好不容易，尤其是要把这三句话打造成一条传播链、并且每一环又都要独自成为传播源，这是非常不容易的。这也就是本案例成功的最基本的原因。

经验告诉我们，再好的创意也只能是半成品，成功的另一半是执行。执行的过程同时也是二次创意和随机应变的过程。遗憾的是，案例报告往往报喜不报忧、讲得不讲失、重前不重后，因而对于研习者、特别是效仿者而言，多想想后面的执行可能会遇到的重重不期而遇的困难，是非常有必要的。人家能做出一个成功的案例，而你却未必有这样的能力。

就此而言，"新案例"要成为"经典案例"，恐怕还真需要提供更多的细节、使之成为一个让人能洞悉一切的样本——这样的一个过程方行。

点评专家：张云
华东师范大学教授
上海市公共关系协会学术委员会委员
公共关系奖学金评定委员会副主任兼办公室主任

6·18 促销月社会化媒体传播

执行时间：2013 年 5 月 31 日至 2013 年 6 月 22 日
企业名称：京东
品牌名称：京东
获奖情况：2013 最具公众影响力社会化媒体应用奖

项目背景：

（1）项目介绍：在历史的长河中，十年显得微不足道。但是对于一个电商品牌来说，十年间必然经历了很多故事。2013 年是京东进入电子商务发展的第十年，是值得回顾值得庆贺的一年。优惠促销回馈消费者是京东十年庆的重要一部分，感谢他们十年来对京东的支持。但除了促销优惠外，我们还有一个月的时间说说那些关于京东的故事，

叙叙那些记忆中的美好。我们要将京东十年庆活动，打造成为一场社交媒体上的生日聚会，让消费者、粉丝、员工、供应商等共赴盛宴。

（2）需达成的目标：①为京东 6 月促销季进行网络造势；②打造一场京东的社交媒体生日盛宴。

项目策划：

（1）目标：将京东 6·18 十年店庆信息有效传递给消费者。

（2）策略：依托新浪微博平台，展开两大阵营的内容输出。①以京东官方微博为主，实时传递促销优惠信息，策划网友互动活动、实时咨询播报告知促销战况、与合作伙伴品牌官微一起微博庆生等；②跟微博红人、段子手合作，将京东促销优惠信息扩散给更多人群，拓宽信息告知渠道；创造趣味微博让京东变得有趣生动等。

（3）目标受众：消费者、员工、合作伙伴。

（4）主要信息：

京东6·18庆生信息、京东店庆促销信息。

（5）媒介选择：以新浪微博为主要传播阵地。

项目执行：

（1）品牌事件。

①感恩京东员工，在办公楼内布置3D绘彩蛋糕，给内部员工一个生日惊喜，并将整个制作过程制作成为视频，通过微博发布，让创意不止分享不止停留在内部；②京东与品牌联动的庆生方式，邀请其他品牌制作以JD为创意的微博内容，为京东庆生，有超过30个以上参与互动；③发起#京东我要#活动呼吁网友直接参与到京东购物中，并以向京东许愿，讲出自己的故事，京东满足你的愿望。并对微话题页面进行编辑，引导网友参与。

（2）重点内容执行。

①发布"别闹"预热海报告知6月大促即将开始；②以美女播报的方式进行重点促销信息告知；③发布"京东最"系列海报，回顾这十年来京东售出的一些特色产品；④京东喜报实时播报，告知最火爆的当日促销情况；⑤网友回馈，寻找在京东购物的第一人；⑥粉丝惊喜。随手拍京东线下6月店庆广告，收获定制赠品。

（3）微博红人、段子手合作内容。

①欢乐快递员；②我的极品老板；③写给老婆的购物单；④微博红人会如何策划京东6·18；⑤6·18抢购攻略分享。

项目评估：

总共发布56条创意推广内容（包含内外围），发布78条日常促销内容（不包含品牌庆生发布），总共影响超过326612139人次，发布微博活动参与人数超过300人参与随手拍送祝福给京东，超过30个以上的品牌参与品牌庆生活动，共有4条创意热帖进入新浪热门排行榜，其中最高排名19名。

亲历者说：闻名婕　京东集团公关部新媒体经理
沙蒙　环时互动（北京）科技有限公司客户副总监

2013 年的 6·18，意义跟以往的不一样。6·18 本身是京东每年的最大的活动，2013 年的 6·18 也是京东十岁生日。我们除了想要感谢消费者一路以来的支持，也想要感谢我们辛苦的同事战友们，京东的十年是所有人的十年。京东这十年变化很大，我们也想趁着这个机会跟大家一起分享我们的成长路。京东是一家互联网企业，所以我们想在社会平台做出一些有趣的内容来制造热闹，跟所有人一起庆祝，包括我们的员工，我们的消费者，还有我们的合作伙伴。最后，我们将 2013 年的 6·18 不仅仅定义在一场大型促销活动上，而是京东的一场生日

party。需要跟大家一起互动，一起庆祝，想营造那种"大家一起来"的感觉。最终定下来以官方微博为主阵地，第三方微博协助扩大声量。确定以#京东 10 周年庆#为微博内容的主话题，官方通过互动活动，品牌互动，扩大京东十周年庆的影响力，传递 6·18 促销信息，外围以事件和微博红人创作内容为主，吸引消费者眼球，通过内外围结合的方式扩大传播声量。一场"社交 party"要从消费者、员工、合作伙伴等不同的层面准备了丰富的传播和互动内容，让传播不再是单方面的传播，而是参与到庆生中来，让大家更乐于接受和传播我们希望传递的信息。

消费者层面我们分为促销和非促销两条线进行。非促销线层面，我们策划了"寻找购物第一人"的活动，对于京东来说，消费者是最重要的资产，而第一个在京东购物的人是更加重要的。我们公布了这位客户少量的基本信息，并通过有趣的方式进行寻找，整个过程出乎我们意料，粉丝的反响非常好，我们很快找到了购物者，并且对其进行了采访，让传播进一步升级。另一个，我们发布了"京东最"系列海报，消费者肯定会对京东十年的一些大数据感兴趣。我们通过技术部提取了部分有趣的大数据结果，通过与热点结合的包装形式进行发布，每一幅都广受好评。促销线层面，传递促销信息是一个传播难题，很少有人愿意主动传递促销信息，我们调整了一下思路，借用拳击比赛的形式，让美女举牌播报替代传播的促销信息传递，我们通过在京东内部各个不同特点地点的拍摄，结合不同品类，发出美女促销播报，让消费者眼前一亮，自然传播效果更佳。

员工层面，我们从庆生本身出发，我们一方面希望能够给员工一些惊喜，另一方面，我们希望能够让员工在社交媒体上主动发声，愿意将企业庆生信息主动传播。借助平面3D画的形式，制作大型十周年庆生蛋糕，利用这一新颖的形式，在庆生当天摆出之时就获得了员工的喜爱，大量图片分享到社交媒体中，达到了我们的传播预期。

合作伙伴层面，我们希望能够有更多的互动，而且不是简单的有奖转发形式，那种形式对于没有任何传播价值，我们选择用创意的方式进行互动，让尝试自行设计创意海报，其中JD融入整体画面之后，之后在其官方账号进行发布，最终超过40家企业在微博上互动，其中包括杜蕾斯、可口可乐等知名微博账号，在互动中产生了非常好的传播效果。

最后，想说说那个被认为是本次6·18传播最广的那个"别闹"的海报，这个海报其实是个急智的结果，之前并不在整体传播规划之中。5月30日，距离6月只有两天了，我们忽然觉得整个盛宴缺少一个动作去开启，30日上午临时组织创意人员开会讨论。根据当时整体的舆论情况，6·18是我们主场，我们还是要体现主人的霸气，要能够hold主全场，最后决定以海报的形式开启。其实我们做了3幅海报，都是非常优秀的作品，非常难以抉择。最终还是决定用"别闹"，它更有针对性。发出之后我们找了一些行业账号作为出口进行传播，之后的事情就不在我们控制范围内，发出后1小时左右苏宁、易迅、当当等全部主流电商网站都发布了对应的"别字"海报，当时在社交媒体上一起炸开，之后更多的行业人士进行了不同层面的解读，让事情不断发酵，甚至感觉成为了一次电商行业的集体快闪，其实是一次无心插柳的事件，而且如果没有其他企业的跟进，这幅海报也不会获得这么大的关注，京东成为了整个事件的赢家，甚至之后在线下都能看到出现"别字"海报。

本次的传播并没有采用很多企业使用的段子手集体作战的方式，而是让传播整个立体起来，不同层面，不同手段，并且能够有效地让大家参与进来，而不再是单纯的单向传播。

案例点评：

店庆（周年庆）是让许多企业头疼的事情——店庆（周年庆）年年有也要年

年搞，但是创意有限、难以推陈出新，最后往往流于俗套。消费者（目标公众）看不到新颖别致的活动创意，大费周章的店庆（周年庆）最后沦为促销的由头。京东这次"十年庆"活动能在众多落于陈旧窠臼之中的店庆活动中脱颖而出，其成功之处在于对社会化媒体的巧妙运用和对店庆活动的独到定位——"生日盛宴"。

许多企业将店庆（周年庆）当成是一个大舞台，在上面演一出"回顾历史、自我宣传"的大戏；然而这种自说自话的讲故事，并不能让目标公众买账。"生日聚会"则不同：在生日聚会上，寿星固然是主角，但每个前来贺寿的宾客亦有可能成为耀眼的明星，玩得兴起时甚至难以分辨宾主。试问，作为消费者（目标公众），是愿意在台下当个无聊的看客呢还是愿意作为被主人诚邀的贵宾参加一场宾主尽欢的生日盛宴呢？答案是不言而喻的。

京东充分利用社会化媒体的互动性，真正做到了"宾主尽欢"：既讲述了自己十年来的故事，又让每一个客人玩得尽兴，尤其是邀请到其它30多个品牌"以创意微博的形式为京东庆生"、发起"网友向京东许愿"、吸引粉丝"随手拍送祝福给京东"等活动环节，让每一个参与者都觉得自己也是主角，实为运用社会化媒体的生花妙笔。整个活动紧扣"生日盛宴"的主题，让目标公众感受到被尊重和被需要、感受到京东浓浓的诚意，从而自然而然地对京东产生好感和亲近感；活动强调目标公众的主体感，与京东一贯重视用户体验的宗旨也十分契合。

点评专家：王晓晖

国际关系学院文化与传播系副教授

国家职业资格委员会、公共关系专业委员会副秘书长

中国国际公共关系协会学术工作委员会委员

"正能量 365 天"

执行时间：2012 年 1 月至 12 月

企业名称：不凡帝范梅勒糖果（中国）有限公司

品牌名称：阿尔卑斯

获奖情况：2013 最具公众影响力社会化媒体应用奖

项目背景：

糖果品牌如何深度对话目标市场？是否可以超越传统，更深入地传递品牌主张，获得消费者的认同和行动？2011 年初阿尔卑斯推出了持续三年基于社交媒体的"阿尔卑斯微有爱"活动。2012 年发起的"正能量 365 天"旨在激励年轻人积极生活，发掘每天的正能量，日行小善，改变

社会。在 2011 年发起的"有爱心生，微感中国"号召万千年轻人发现有爱分享有爱的基础上，2012 年进一步提升社交平台上的整合联动，将有爱善举传递、串联、收集形成积极、温暖、向上的正能量。

2012 末日预言的广泛传播成为推出"正能量 365 天"的绝佳社会背景。传播策略分四个阶段：①微博预热，在阿尔卑斯新浪微博上推出"正能量"、"世界末日"等系列内容，引导互动与话题热议；②正式发起"正能量 365 天"年度活动，每天发布正能量话题，提出品牌的有爱主张号召日行善举；③与 NGO 合作，充分发挥意见领袖作用，配合线上、线下各项公益活动，引发微博"正能量"话题讨论 2200 万次及官微互动量 400 万。④年终举办"积聚正能量，为地球续航"有爱嘉年华，邀请消费者和媒体共同参与。全年活动提升了品牌市场占有率，"正能量"成为年度热门话题之一，阿尔卑斯官方微博则成为最受网友关

注及欢迎的品牌微博之一。

项目调研：

作为全球跨国公司不凡帝范梅勒在中国的旗舰品牌，阿尔卑斯于 15 年前进入中国，现已成为中国市场第二大糖果品牌。然而在项目的前期调研中，我们发现在过去几年中，消费者对品牌了解较少，忠诚度相对较低，对品牌的黏性不强。与此同时，中国高档糖果市场竞争加剧，本地和国际品牌都进一步增加中国市场的投入和发展。大多数品牌，特别是源自日本的糖果品牌，拥有相对清晰的市场定位和品牌形象，向消费者传递充满能量、激情和生机的品牌信息。在这样一个极具竞争的市场环境里，阿尔卑斯的品牌形象虽已被广泛认知，却缺乏个性，定位相对不清晰。

针对目标消费群的调查让我们发现，社会化媒体平台是其获取信息并互动的主要渠道。在第一年推出的"有爱心生，微感中国"活动中，阿尔卑斯与目标消费者成功建立了情感连接，消费者与品牌的互动增强，对品牌的"有爱"主张颇具认同感。然而，我们也发现"有爱"主张接受度较高，同时行动力却较低。在第二年的活动中，需要进一步缩小之间的差距，号召消费者加入阿尔卑斯的"有爱"行动之中。从而使"有爱"成为品牌差异化竞争的切入点。

项目策划：

（1）项目目标：通过微博内容生成和互动，号召粉丝加入有爱行动，形成有爱生活方式。提高新浪官方微博曝光量、粉丝量及互动量，最终实现增加品牌忠诚度并加强阿尔卑斯和"有爱"间联系的目标。

（2）目标市场：目标消费群集中在一线城市，活动主要在北京、上海和广州展开。通过线上和线下的活动增强品牌信息传递，最终实现全国市场品牌知名度的提升。

（3）我们的目标消费群：15 至 40 岁；学生、白领及家庭；男性及女性；每周至少在网络花费 7 个小时的人群。

（4）主要策略：主要传播信息为"有爱就有正能量，聚集正能量，为地球

续航，让世界更有爱"。

首先，精心策划话题微博，提高粉丝互动，产生大量用户生成内容，我们创建每日话题，增加与粉丝的互动，吸引更多消费者参与，旨在号召大家通过有爱行动提升正能量。在内容生成的基础上，配合社交热门话题事件及社会发展趋势，创建话题内容。每个话题图文结合激励粉丝采取有爱行动。比如发布微博分享笑脸配合"世界微笑日"，并号召粉丝上传笑脸，最终活动收到1000张微笑照片。建立"正能量365天"特别应用并聚集所有话题微博，供粉丝查阅、搜寻记录及粉丝互动。

其次，微博各式应用如微博徽章，增加粉丝参与度和互动量。创建微博徽章，鼓励粉丝积极分享有爱行动。对微博粉丝及目标消费群的研究发现，小奖励往往实现多分享，微博徽章当时则收获大批粉丝。只要粉丝与"正能量365天"应用互动，即可获得徽章并显示在其身份信息页面。

再次，加强线上及线下互动，整合传播，扩大信息传播及影响力。鉴于2011年、2012年新浪微博的信息传播较快、病毒式传播率更高，我们进一步推动数字化营销领域发展，期望阿尔卑斯的网上社区实现增长甚至变革。首年年底，其网络社区已被定位成传递有爱信息的平台，更多人群加入并共享"有爱"。超过75%的活动发生在以新浪微博为主的线上平台。而在"正能量365天"中，与公益组织合作，线上线下整合，让有爱信息影响更多人群。其中包括和联合国奥比斯组织合作发起#假如只剩三天光明，我的双眼最留恋的美好#线上活动，线下举办探访甘肃眼疾儿童活动；与民间公益团体@自然之友合作，在新浪微博上发布"绿色行动清单"，发起#全民绿动#活动；携手@免费午餐，发起为贵州山区孩子认捐免费午餐活动并号召网友为受灾的四川山区孩子邮寄衣被；与国际公益组织合作于"世界有爱日"（World Kindness Day）首发"世界有爱周"活动等。

我们不仅提高了粉丝互动量及生成内容，实现既定目标，也提高了消费者的品牌黏性，实现产品销售量的提高。

项目执行：

2012 年 4 月，推出与"正能量"及"世界末日"相关的系列预热内容。

2012 年 5 月 25 日，正式发起"正能量 365 天"年度活动，结合社会热点，每天向消费者提出品牌的有爱主张，号召网友日行小善。

2012 年 5 月，联合国际奥比斯组织及其形象大使，探访甘肃眼疾儿童。

2012 年 5 月，线上发起#假如只剩三天光明，我的双眼最留恋的美好#为题，向粉丝征集 30 万光明心愿，启动阿尔卑斯助盲资金，支持国际奥比斯组织为更多眼疾儿童带来光明奇迹。

2012 年 9 月，与民间公益团体@自然之友 合作，在新浪微博上发布"绿色行动清单"，发起#全民绿动#活动，呼吁网友从"绿色行动清单"上选择自己力所能及的"任务"，做出绿色承诺，并且以承诺的兑现为条件来交换奖品，以此来鼓励网友践行绿色环保的生活方式。

2012 年 10 月，携手@免费午餐，发起为贵州山区孩子认捐免费午餐的活动并号召网友为因暴雨受灾的四川凉山州甘洛县山区孩子们邮寄衣被。

2012 年 10 月，与@滴水公益 再度发起#为西藏孩子添衣#行动，身在全国各地的有爱帮在一周内为孩子们捐献衣物超过 500 件。

2012 年 10 月，通过微博线上平台，选拔出 5 位消费者，奔赴云南高黎贡山自然保护区"绿色训练营"，接受穿越山林的挑战，在"轻装、简食、徐行、宁静"中发现和感受人与自然之间的亲密维系。

2012 年 11 月，为庆祝在中国举行的第二个"世界有爱日"（World Kindness Day），@阿尔卑斯微有爱 在微博平台首发"世界有爱周"活动。

2012 年 11 月，携手@小动物保护义工团，发起#为小动物发声#活动，呼吁全社会停止虐杀，关爱小动物。3 天内集结 323 名网友分享随手拍到的可爱小动物照片，并写下有爱标语，以行动呼吁更多身边人一同保护动物。

2012 年 11 月，世界有爱日当日，携手@好友营支教，发起#给山区孩子写封信#活动，为甘肃和湖南偏远山区的孩子们送去关爱和问候，孩子们收到来自全国各地的信件无数。

2012 年 12 月 21 日，在玛雅预言世界末日的当天，在上海举办"积聚正能量，为地球续航"有爱嘉年华，邀请近 200 位忠实粉丝和全国 50 多家媒体，共同庆祝地球新生。

项目评估：

作为在社交媒体平台上进行品牌推广的第二年，我们希望通过"正能量 365 天"提高品牌的知名度以及阿尔卑斯与有爱的联系，基于前一年的运营，2012 年需要达到的目标为：

阿尔卑斯新浪官方微博影响量增加 100%。

新浪官方微博粉丝数量增加 100%。

新浪官方微博粉丝互动率赠加到 1.1%（平均品牌互动率为 0.3% - 0.5%）。

活动最终结果实现了上述所有目标，并对产品销售的增长带来正面的影响。

阿尔卑斯新浪官方微博影响量增加 308%。

新浪官方微博粉丝数量增加 116%。

新浪官方微博粉丝互动率赠加到 3.21%（平均品牌互动率为 0.3% - 0.5%）。

"积聚正能量，为地球续航"有爱嘉年华活动，最终 200 位消费者及 50 位媒体参加，获得 185 个媒体报道，广告价值达到人民币 18484016 元。

微博徽章的引入带来 933000 的下载及总数 30% 粉丝增长量。

通过第三方调查，我们发现活动提高了品牌在目标消费群里的知晓度。新浪微博粉丝中，100% 粉丝知晓阿尔卑斯的有爱主张。粉丝普遍认为内容具有时效性、特殊性和关联性。

从品牌的竞争性来看，在以下几个方面都位列第一。

高端糖果品牌类中购买选择。

喜爱度。

购买意愿。

推荐给他人。

有爱成为粉丝讨论的重要话题，是 2012 年粉丝高度参与互动的主要原因。"正能量 365 天"推出后，品牌销售量相对 2011 年提升 20%，品类的销售则增加了 10%。

通过"正能量 365 天"，我们每天激励和感动千万中国人的心灵，人们实施有爱行动，散发正能量，在线上社区分享他们的体验。通过一年的活动，在每日话题微博的号召下，我们收到超过22000条粉丝生成的内容。我们创建了"将有爱融入日常生活"的潮流，并把这种潮流发散到家人和朋友中间，让每个人都可以更有爱地面对生活。

案例点评：

现在有一种观点，互联网文化就是没有文化，互联网传播就要放低底线，去出位、搞怪甚至情色才能形成关注。

阿尔卑斯"正能量365天"这一成功案例有力的回击了这一点。它大胆直接的提出了"正能量"和"有爱"的主张，并且利用新媒体的形式。每天都有话题，每月都有行动，通过巧妙的策划和组织，把公众的情感和品牌的公益行动有机的结合在一起，树立了品牌的差异化价值和出色的传播效果。

近一两年来，我们非常欣喜看到了越来越多"正能量"的成功案例，比如联想的"微公益"营销、百度的"公益一小时"、百事可乐的春节"把乐带回家"等，都赢得了国内外的专业奖项和高度评价。这些"正能量"传播，不仅是企业品牌的亮点，更是整个传播界对于社会责任、社会公益、社会道德的呼唤与贡献。斯为正道，虽难也须力行！

点评专家：丁晓东
蓝色光标数字营销机构总裁

内容营销使惠普在社交媒体大放异彩

执行时间：2013 年 5 月至 7 月

企业名称：爱德曼互动营销

品牌名称：惠普

获奖情况：2013 最具公众影响力社会化媒体应用奖

项目背景：

惠普打动未来

2013 年 4 月，经过多家公关公司激烈比稿，爱德曼（中国）集团旗下爱德曼数字营销最终赢得惠普中国数字营销战略和社交媒体互动业务，以迅速加强惠普在中国这个业务基色增长市场的新媒体营销战略。与此同时，针对中国市场的新媒体传播活动也陆续展开。

作为惠普社交媒体营销的合作伙伴，爱德曼快速完成了对惠普品牌全方位扫描，重新梳理其数字营销战略，最终确定：①品牌向创新社交形象的转型规划，更正品牌在自媒体平台自说自演的陈旧形象，真正倾听消费者的需求，给消费者最喜欢、最需要的内容；②结合实时热点话题，与消费者加强情感纽带，传播品牌信息；③在惠普品牌社交媒体矩阵（新浪微博、腾讯微博、人人、百度知道、微信）中，以新浪微博为主要平台，其他为辅助平台；④协助消费者与技术专家直接对话，提供售前咨询和售后服务，与此同时，我们还有专业团队针对监测消费者投诉进行实时监测，使品牌市场和研发部门可以在第一时间了解消费者需求，帮助客户解决纠纷，为品牌危机处理做好第一道坚固防御。

项目调研：

在与行业竞争品牌运营的社交媒体账号进行横向对比分析后，我们得出以下几个结论。

品牌在运营官方运营账号容易走入误区：在现今已经逐步成熟的自媒体平台，品牌为了追求突破，大多数品牌账户对热点事件会及时响应，但更新频繁，信息生硬已经使消费者逐渐产生厌烦情绪。有选择，有针对性的精选互动话题，并创造能够吸引消费者认可的独特观点才是新的战略走向。让消费者逐步了解惠普的视野，形成口口相传，增加消费者与品牌的情感共鸣，从而让消费者更好地体会品牌价值，促进产品销量。

（1）与竞争品牌对比－粉丝分析：

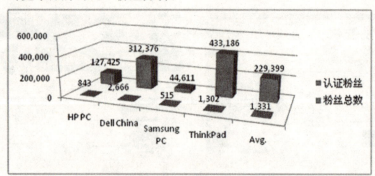

（2）与竞争品牌对比－内容分析：爱德曼互动营销团队为惠普品牌矩阵账户规划品牌传播核心关键词、扩展关键词、以及外围辅助关键词，按产品特性，策划创意内容，并选择互动话题巧妙切入。同步检测网络平台话题走向，选取最佳时间和最合适的发言人，制造专属惠普的品牌声音。

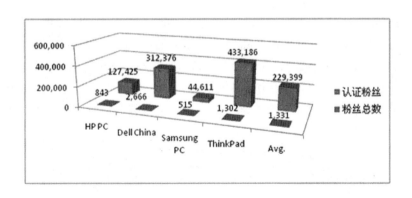

项目策划：

（1）目标：传播品牌价值，与消费者建立情感纽带；简化繁复的技术语言，让消费者通过简单有趣的图文了解产品特性；完善售前售后服务体系，丰富消费者与品牌对话的渠道。

（2）策略：

平台策略：优化惠普矩阵微博功能定位，与各个层次的网友进行沟通，达到360度塑造企业品牌的目的。

互动策略：选择适合品牌的发言人，扩大传播领域，高效传递品牌信息。

内容策略：结合热点话题，增强内容的可读性和互动性。

（3）目标公众：有电脑、打印机购买需求的个人、中小企业主、大企业主、大企业IT决策者以及采购部门决策者等。

（4）主要信息：通过惠普电脑、惠普打动未来、惠普工作站以及惠普在线商店各个社交媒体账号（新浪微博、腾讯微博、人人、百度知道）向受众传达"科技让生活更美好"。

（5）传播策略：为了更好地传达"科技让生活更美好"这个主要信息，针对不同受众的需求，我们采取了阶梯式的传播策略。

针对全部受众，我们在发布内容时，加入了各种标签，以便用户查看其感兴趣的内容。例如：#惠乐活#以及#惠打小百科#这两个标签下的内容主要用于传达"爱科技，会生活"的理念，告诉大家一些电脑、打印机相关的使用技巧，体现科技让生活更美好。#惠靓品# 这个标签下的内容主要用于介绍惠普新品或重点产品信息。#惠聊天#的内容主要借助热门话题跟大家聊聊产品及品牌，增加粉丝互动率。#惠声惠影# 紧跟影音时尚潮流，突出惠普产品影音优势。此外，我们还为用户提供随即活动标签，例如：#得瑟e夏#、#TQ高人挑战赛#等，方便大家参与我们的有奖互动活动。

针对有特殊问题的受众，我们"7×24"小时进行监测，24小时内针对用户的问题予以答复，保证与惠普产品、服务相关的问题可以在第一时间解决。此外，关于品牌的抱怨类话题，我们会跟受众进行沟通，帮助其解决抱怨类问题。

针对跟惠普品牌账号互动比较多的活跃粉丝，我们会予以奖励。每个月的#惠粉丝#都可以获得相应的惊喜礼物，以及在惠普新浪微博账号焦点图位置置顶两天的奖励。

（6）媒介选择：新浪微博为主要平台，其他平台（腾讯微博、人人、百度知道、在线商城、论坛、微信）为辅助平台。

项目执行：

1. 实施细节

（1）账号布局优化。在项目交接后，根据爱德曼数字营销建议的社交媒体布局策略，惠普对整体社交媒体账号进行了精简和布局优化，最终保留并持续维护的账号共9个，包括：@惠普电脑（新浪微博，腾讯微博，人人网）；@惠普打动未来（新浪微博，腾讯微博，人人网）；@惠普工作站（新浪微博）；@惠普中国在线商店（新浪微博，腾讯微博）。

（2）内容策略调整。在内容策略调整前，惠普社交媒体内容存在几大问题：①缺乏互动性，不能与粉丝产生良性、可持续、可传播的互动；②缺乏对每个账号不同的定位，内容语调不一致，内容方向较杂乱，账号定位不明确；③对于社交媒体热门话题的把握也不够及时，不能很好结合热门话题创作内容。

针对以上问题，我们逐个提出了策略应对。①针对互动性问题，我们对内容撰写形式进行调整，更多在微博内容中提供话题点与粉丝形成积极互动，也针对部分有潜力的话题提供奖品激励，让更多人愿意参与互动，进行传播；②所有账号都必须对社交媒体的热门内容和话题有很好的把握，但是同时，针对不同账号，我们也设置不同定位。比如：惠普电脑定位特点是"科技控"，惠普打动未来定位特点是"商务"，③紧抓社交媒体，尤其是微博上的热门话题，每天安排专门人员对内容进行监测，选取其中可以结合的热门话题，并以巧妙方式与惠普产品或品牌信息完美结合，并及时发布，以期获得更好的互动和传播效果。

（3）粉丝激励项目。我们每个月都选取月度粉丝，并给予一定的奖品激励。这是对已经积极参与互动粉丝的奖励机制，同时也能刺激更多粉丝参与到互动当中，从而提升账号的整体活跃性。

2. 实施调整

热门话题的结合。在惠普社交媒体账号维护过程中，我们除了提前撰写日常内容以外，每天都留有两条内容作为结合热点或最新内容来发布，更具时效性。

平台内容的区别。针对不同平台的受众特点，撰写不同内容，对受众更有针对性，如人人网内容偏重学生群体感兴趣的话题，更具互动性。

项目评估：

效果综述：在 3 个月的时间内，惠普在 3 个平台（新浪微博、腾讯微博、人人网），9 个账号上的粉丝数累积增加了 686997 人，互动数增加了 3932968 次。

@惠普电脑：217720 粉丝增长，比前 3 个月粉丝增长率高 14%。

@惠普打动未来：284146 粉丝增长，比前 3 个月粉丝增长率高 49%。

@惠普工作站：1344 粉丝增长。

@惠普中国在线商店：85316 粉丝增长。

在 3 个月时间内，我们创作的两条结合热门话题的日常内容获得了值得关注的互动数。

1. "六一"儿童节案例（该案例已刊载于《国际公关》杂志 2013 年 8 月刊 67 页）

2013 年临近"六一"儿童节，新浪微博上涌现怀旧潮，回忆儿童时光的多为 80 后、90 后人群，这一人群也恰好是惠普的目标受众。根据我们对于新浪微博上热门话题的监测，我们找到了由@神经教授 这一拥有22万粉丝的账号发布的关于儿时零食回忆的微博用户互动极高。于是我们借助微博与@神经教授 沟通，共同发起一次零食派送活动，通过简单的微博转发形式，降低活动门槛。为了吸引更多用户参与活动，@惠普电脑 在奖品设置上不限定奖品数额，每100次转发即抽取一位获奖者送出零食大礼包，不设上限。由于与热门话题完美结合及意见领袖良好互动，此次活动获得了754554的阅读量，7829条转发和6122条评论。不仅如此，很多收到礼品的粉丝还在微博上晒出礼品，表达了他们对品牌的热爱，形成了二次传播。

微博链接：http：//www. weibo. com/1847000261/zyGFv5t6d

你想要什么礼物过六一？@神經教授 说想要一大堆儿时喜欢吃的零食，得到大家的热烈响应。这个零食大礼包，惠普电脑送给你，让大朋友也过个儿童节！活动规则：本条微博每被转发100次，就从中抽取一个大朋友，送出零食大礼包外加200元@惠普中国在线商店 优惠券，以此类推……少年们赶紧转起来吧！

5月27日 20:49 未自专业版微博　　　　　👍(8) | 转发(7317) | 收藏 | 评论(6130)

2. "我和我的小伙伴都惊呆了"案例

2013年7月8日，结合当时的新浪微博热门话题"我和我的小伙伴都惊呆了"我们制作了一条长微博，结合惠普主推的消费类及商用类笔记本产品的最佳卖点与一些搞笑图片共同组成了一系列两两呼应的对话。在未经过任何意见领袖推广、也没有大的奖励激励的情况下，该条微博在48小时之内获得了2580364的阅读量，15549条转发，805条评论。

经过对于粉丝互动内容的分析，我们发现此条微博广泛传播的原因有二：其一，它很好地将产品与热门话题"我和我的小伙伴都惊呆了"结合。其二，它在选择非产品图片时选择了网友喜爱的宠物图片、热门美剧人物图片以及热门动漫截图，引起了热烈讨论。

由此可见，微博图文内容设计与选择对于互动效果至关重要。

微博链接：http：//www. weibo. com/1847000261/zF2GL0iYj

> 当我知道这条微博居然是有奖转发，答案在长微博结尾的时候，我和我的小伙伴们都惊呆了……
>
> 7月8日 15:54 来自中国惠普　　　👍(103)　| 转发(14086)　| 收藏　| 评论(843)

针对"我和我的小伙伴都惊呆了"的微博，虽然吸引大家眼球的主要是热门话题和配图，但是我们在粉丝的互动中也看到了很多积极的评论，惠普产品信息和品牌内容也同样扩大了传播，赢得了用户好感。

综上所述，经过3个月的努力，惠普社交媒体生态系统以及从单纯的内容发布平台成长为一个系统的品牌与受众进行沟通、交流、帮助受众解决实际问题的平台。对于受众来说，惠普这个品牌已经从原来的古板形象转变为幽默诙谐的电脑、打印专家。与此同时，惠普电脑的新浪微博账号也从竞品排名中的第5位一跃成为第2位。惠普打动未来的新浪微博账号也从竞品排名中的第2位跃升为竞品排名中的第1位。

- -

案例点评：

随着社交媒体用户数量的迅速增长，众多企业纷纷到社交媒体上开辟新战场，但是做得好的寥寥无几，千人一面，只是多了一个发布企业官方信息的自媒体而已。

惠普和爱德曼互动营销经过充分调研，在社交媒体账号的运营上以"有选择、有针对性的精选互动话题"为突破，内容为王，强调内容的可读性和互动性。

成功塑造了惠普幽默诙谐的个性形象，其做法有诸多可圈可点之处，其中较为突出的有以下三点：

整合性：整合多个社交媒体账号的传播，以"科技让生活更美好"这一核心信息作为内容的统领，但是各账号又有不同的定位设置，不同账号之间相互配合，既避免了内容上的完全重复，又满足了不同层次网友的需求，360°塑造品牌形象，形成了以"信息发布、交流互动和解决实际问题"为主要功能的健康的社交媒体生态系统。

个性化：通过与粉丝大量的积极互动，赋予品牌人格化的个性特征，展现出幽默诙谐的品牌新形象。

成长性：从"六一"儿童节案例到"我和我的小伙伴都惊呆了"案例，可以看出企业在运营社交媒体方面的成长——从与网络红人合作到自力更生、从借势热门话题到借助网络热词。与网络红人的合作意味着在某些方面品牌形象与网络红人的捆绑，因而有一定的风险。随着政府对网络舆论环境的整治，一批网络大V纷纷落马，公众开始质疑网络红人的公信力；而且与网络红人的合作操作起来也有一定的难度，所谓"求人不如求己"，企业终究还是得依靠自己的力量运营好社交媒体。另一方面，热门话题和热门事件虽然热度高，但往往与企业和品牌风马牛不相及，能成功借势的少之又少。网络热词则不同，许多网络热词脱胎于热门事件，但在不断的二次传播的过程中已逐渐脱离原来的语境，但又保留了强烈的娱乐性，使其便于被不同的传播主体置于新的语境当中；而置于新语境中的热词，仍然具有很强的娱乐性和传播性。因此，学会巧妙地运用网络热词，可以为企业社交媒体账号的运营增色不少。

点评专家：王晓晖

国际关系学院文化与传播系副教授

国家职业资格委员会公共关系专业委员会副秘书长

中国国际公共关系协会学术工作委员会委员

a's Most Influential Public Relations Case Studies in 201

s Most Influential Public Relations Case Studies in 2013   China's Most Influential Public Relations Case Studies in 201

a's Most Influential Public Relations Case Studies in 201

2013 最具公众影响力品牌传播案例

2012 BMW 奥运传播计划

执行时间：2012 年 3 月至 2012 年 12 月
企业名称：宝马（中国）汽车贸易有限公司
品牌名称：BMW
获奖情况：2013 最具公众影响力品牌传播奖

项目背景：

与奥林匹克携手共进是 BMW 的一项长期的全球市场战略。在中国，BMW 是中国奥委会长达六年的合作伙伴。2012 年时逢奥运年，在 2 月宝马正式启动了 BMW 中国奥林匹克计划，围绕"为悦，全力以赴"的主题，开展了全方位的、系统化的奥运营销，赢得了极高的公众认知度。

自 2012 年 3 月 BMW 在广州举办了 1.2 万人参加的"中国奥林匹克计划启动仪式"；到 7 月在北京鸟巢举办 3 万人参与的"BMW 悦盛典"，再到 8 月伦敦——慕尼黑的"BMW 奥运千人款待计划"以及"BMW 奥运梦想行动"，BMW 以一系列的奥运营销活动，使"为悦，全力以赴"这一年度奥运传播主题深入亿万人心。

项目调研：

BMW 之悦内涵的逐步演变。

2009 年 6 月，BMW 品牌在全球推广全新的品牌价值"BMW JOY"。

2010 年 2 月，正式在中国推出"BMW 之悦"；"JOY"在中国大陆的中文翻译确定为"悦"。

"BMW 之悦"的品牌哲学体现的是梦想、激情、创新和责任，而对这些诉求的追逐，往往会令人们获得到一种非常愉悦的精神层面的乐趣。

在 BMW 正式推出了以"BMW 之悦"为核心的品牌理念战略宣传活动后。2010 年北京车展的概念车和京剧脸谱结合，用全新的方式将宝马全球统一形象与中国元素相融合，使人们眼前一亮。用符合中国人口味的方式，向中国消费者传达宝马的品牌理念和内涵，成为宝马品牌本土化的成功战略之一。在随后 2011 年的品牌宣传中，宝马强调了"悦"蕴含的代表动感、环保、创造力。

2012 年年初，宝马启动了"为悦，全力以赴"为主题的奥运营销计划，希望通过支持奥运和开展奥运主题营销，加强中国消费者对宝马的品牌体验，从而与宝马的客户以及公众在情感上建立起一种联接。而且作为全球顶级品牌的宝马，对体育项目和运动员的赞助和支持具有非常积极的推动作用，宝马品牌的领袖气质与运动员的独特魅力相得益彰，并赋予其更深的内涵与联想。

项目策划：

（1）目标：

强调 BMW 品牌与奥林匹克精神之间与生俱来的契合：激情、梦想、动感和悦，这些都是人们自然情感的流露，同时也是 BMW 品牌的核心价值要素。

强化 BMW 本土化策略的宣传：支持奥林匹克在中国的发展；将 BMW 品牌融入中国梦想。

传播 BMW 的奥运营销哲学：分享，与更多的中国民众分享，亲身融入到奥运，让奥运梦想更加深入人心。

（2）参与：邀请客户亲身体验运动和梦想带来的愉悦。

（3）坚持：体现了运动员对梦想的坚持，以及 BMW 对中国社会的承诺。

（4）目标受众：BMW 车主及所有喜爱 BMW 品牌的潜在客户群体；希望挖掘品牌背后故事并进行深度报道的媒体；关心中国奥林匹克发展及为"中国梦"而奋斗的所有公众。

（5）策略："为悦，全力以赴"奥运传播计划通过讲述有影响力的公众人物的故事，与读者建立起强烈的情感共鸣。通过对真实故事的分享，以三个维度的传播，进一步强化 BMW 与奥运之间与生俱来的情感连接。

梦想——通过运动员为梦想而努力拼搏的故事，向更多的人传递梦想的力量，激励人们坚持梦想。

责任——对中国奥林匹克发展的长期持续支持，对中国奥运代表队的长期支持。

创新——通过各种奥运支持活动，吸引人们亲身参与其中，进而创造一种全新的品牌体验，将 BMW 品牌精神融入"中国梦"。

项目执行：

1. 精心选择的核心信息以及故事承载者

序幕：通过三位由宝马所支持的中国运动员代表（刘翔、雷声、徐莉佳）出演的广告宣传片，传递给人们追寻梦想的力量，以此为整个 BMW 奥运传播计划开篇。

故事线：通过讲述一系列以"为悦，全力以赴"为主题，关于中国运动员及 BMW 相关人物（BMW 高层、宝马爱心基金所资助的小朋友、BMW 车主）的故事，强化人们心中最直接的，对于 BMW 奥运传播主题的情感共鸣。

2. 分侧重点分波次的事件传播

3 月：12000 名活动参与者与奥运健儿和明星一起，在 2010 年广州亚运会主场地前一起唱响了主题曲《为悦，全力以赴》，这标志着 BMW 奥运传播的正式开启。

6 月：在北京鸟巢，这一见证中国百年奥运梦实现的地方，超过 30000 名参与者参加了 BMW 悦盛典的活动。活动中，中国奥运明星和来自 BMW 及多位明星同台献艺。悦盛典被认为是在中国为 2012 奥运预热活动中最精彩的演出。由悦盛典，悦令营，童悦之家运动会组成的 BMW 悦之嘉年华为期 10 天，有超过 55000 名公众参与其中。

8 月：BMW 邀请近千名 BMW 粉丝及核心媒体前往宝马的家乡——慕尼黑，这里也是在 1972 年 BMW 与奥运会首次牵手的地方。他们还前往了伦敦奥运会，去感受和见证中国奥运梦在伦敦梦想成真。

11 月：BMW 梦想行动是 BMW 与当地经销商共同举办的一系列奥运支持活动，活动由奥运冠军、BMW 车主、媒体和 BMW 车迷共同参与。这次活动体现了 BMW 的承诺，激励全国的年轻人去追逐自己的梦想。超过 2/3 在伦敦奥运会夺得奖牌的中国奥运健儿参与到梦想行动中。

12 月：一系列围绕奥运梦想者的深度故事报道，将 BMW 奥运传播的成果做一回顾，再次将整个 BMW 与奥运的话题推向高潮。

在线互动——整个 2012 年，宝马策划与运作了一系列精彩的奥运营销活动，通过内容丰富的大型活动传递给大众真实的体验；运用各种的数字社交平台，大众开展全面的互动。两个部分通过不同的渠道，传递出同一种声音，即以"为悦，全力以赴"为核心主题的 BMW 之悦的品牌内涵。

项目评估：

1. 媒体统计

得益于持续、有效的奥运营销传播，包括"为悦，全力以赴"系列广告，大型主题活动及传播，如 2012 年 3 月的 BMW 奥运项目启动仪式和 7 月在鸟巢举办的"BMW 悦盛典"活动，及伦敦奥运会期间和其后的系列媒体宣传，宝马在中国的奥运营销取得了显著效果，有效地提高了公众对 BMW 品牌及产品的认知度和接受度。

截止到 2012 年底，"为悦，全力以赴"奥运传播共产生超过 2100 篇报道，其中：报纸类 330 篇，杂志类 120 篇，TV 类 40 段，网络类 1700 篇。

整个 BMW 奥运营销项目，截止到 2012 年年底，共产生媒体价值超过 146 万美元，ROI：16。

2. 效果评估与受众及市场反馈

据第三方市场调查公司"华通明略"针对多个品牌开展奥运营销效果的调研，宝马奥运营销成果的亮点包括：

（1）以较小的广告投入取得了较高的品牌曝光率和良好的营销效果。

高达 52% 的受访者曾经看到过 BMW 投放的"为悦，全力以赴"系列广告，在所有开展奥运营销的主要品牌中位居前列，并且相较于曝光率最高的品牌（Coca Cola，79%），BMW 实际广告投入费用仅为后者的 42%。

近三成（28%）受访者认为 BMW 的奥运主题广告最具感染力，在所有品牌中位列第二。

所有观看过广告的受访者中，80% 的人表示喜爱或非常喜爱"为悦，全力以赴"的主题，尤其是其所蕴含的不轻言放弃的精神。

（2）公众对于宝马为中国奥委会和伦敦奥组委的赞助商拥有较高的知晓率，超过半数（51%）的受访者知道宝马是中国奥委会和伦敦奥组委的赞助商。

（3）公众对"BMW 之悦"品牌内涵的知晓度明显加深，对 BMW 品牌的接受度显著提升。

在了解宝马是中国奥委会赞助商的受访者中，知道"BMW 之悦"品牌价值所蕴含的激情（Passion）、梦想（Dream）、创新（Innovative）和社会责任（Social Responsible）等品牌内涵的受访者比例均超过 90%。

与奥运营销活动开始前相比，感觉与 BMW 品牌的情感联接更加紧密的受访者比例显著提升，最高达 81%；愿意购买宝马车的受访者比例也大幅上升，最高达到 88%；同时愿意向亲友推荐宝马产品的受访者比例同样增长，最高达 84%。

通过整个奥运传播计划取得了中国核心媒体的高度认同，获得了包括多个媒体（经济观察报、每日经济新闻等）颁发的年度最佳奥运营销奖。

3. 销售促进

通过整个奥运传播计划所产生的积极的市场反馈，BMW 与 MINI 品牌在 2012 年全年创造了新的销售记录，年增长达到 40.4%。

亲历者说：吴燕彦　宝马集团大中华区企业和政府事务副总裁

奥林匹克一直是全世界共同的梦想。在过去的几年中，BMW 借助一场轰轰烈烈的奥运营销"战役"，真正实现了自己的"奥运梦"、"中国梦"。

1972 年慕尼黑奥运会召开之际，慕尼黑的地标性建筑——宝马集团总部"四缸大厦"正式建成并投入使用，宝马为当届奥运会的马拉松和竞走项目提供了首款电动车 BMW 1602 作为引导车，成为竞技场上的亮点。

2004 年雅典奥运会时，宝马集团大中华区作为一个独立销售区域正式成立，那时 BMW 在中国的销量只有 7000 多辆，面临诸多困难和挑战。

2010 年，宝马集团正式宣布成为中国奥组委直至 2016 年的官方汽车合作伙伴。在这一年，BMW 品牌在华销量首次突破 10 万辆。

今天，2014 年冬奥会之际，BMW 的年销量直逼 40 万辆，更重要的是，BMW 品牌赢得了广大消费者和车迷的认可，多次被评为"最佳汽车品牌"。

宝马集团在中国的发展历程是 BMW 品牌一步步融入中国社会、贴近中国客户的历程。在此期间，BMW 不断以中国化的视角关注客户及其背后价值。2010 年，宝马进一步提出了"BMW 之悦"的核心品牌理念。2012 年，BMW 将"BMW 之悦"与奥林匹克精神紧密结合，启动"BMW 奥林匹克计划"，开展了一系列奥运营销和传播，使 BMW 品牌与奥林匹克运动紧密结合在一起。BMW 全力支持奥林匹克运动在中国的发展，得到了中国客户的广泛认同。这无疑让 BMW 品牌与中国民众的情感联接更加紧密。

BMW 之"悦"一个重要的内涵是梦想和激情。我可以非常自豪地说，我的同事们是一群充满梦想和激情的人。因为有这样的团队，BMW 才得以一起克服所有的挑战，可以面对最激烈的竞争，打造一个真正的"dream brand"。

案例点评：

该策划不仅是 BMW 品牌全球化战略的一部分，也是 BMW 在中国奥运公关长期品牌战略的有机组成部分。BMW 在全球化过程中，针对中国市场开展本土化营销，并恰当地处理了"全球化"与"本土化"的关系。BMW 品牌推出的全球化品牌理念是"BMW JOY"，他们将"JOY"翻译为"悦"，品牌理念为"BMW 之悦"。作为形容词，"悦"有高兴、愉快、解脱之意；作为动词，"悦"有心悦诚服之意；还有喜欢、赏心悦目等意。他们将"BMW 之悦"解释为"梦想、激情、创新和责任"，而对这些诉求的追逐，往往会令人们获得到一种非常愉悦的精神层面的乐趣。——"悦"。他们根据品牌理念传播的需要诠释"悦"的含义，如 2011 年的品牌宣传中，强调其蕴含的"动感、环保、创造力"。

围绕品牌理念设计公关策划主题（focus）是这一策划成功的关键所在。BMW 历年的品牌传播主题活动不仅紧密围绕品牌理念开展，而且各个传播活动都成为品牌理念传播的一个有机组成部分，体现了公关策划独特性（创新性）与连续性（系统性）的统一。比如，2012 年奥运会品牌传播的主题："为悦，全力以赴"，既有"悦"的成分，又有奥运会"全力以赴"的独特理念。在此次奥运传播中，故事讲述也以"为悦，全力以赴"为主题；各个活动设计的主题也仅仅围绕"悦"开展，BMW 悦之嘉年华活动，即由"悦盛典"、"悦令营"、"童悦之家运动会"等组成。

在传播策略方面：其一，善于使用中国公众的喜爱传播者，奥运冠军刘翔、雷声、徐莉佳等进行传播，他们所从事的竞技项目充满激情，他们的成功状态是梦想实现。这是"悦"的理念的最佳诠释。其二，围绕主题，使用故事化的方法，引发公众的观赏和阅读兴趣，获得电视、报纸、杂志和网络的整合传播效果。其三，参与性强，不仅是单纯的品牌传播，他们举办各种活动，吸引各类公众的参与，与各类公众通过深度沟通产生情感共鸣，尤其是与当地经销商共同举办活动，拉近与本土经销商的距离。其四，活动的时机、地点的选择恰当，3月，6月，8月，11月和12月，分别从中国的广州亚运会主场地、北京鸟巢到慕尼黑和伦敦，这些具有标志性的地点举办活动，热点持续时间长，且易引发媒体关注和公众持续参与热情。

此外，将奥运公关与"中国梦"结合起来，将品牌理念与中国本土的社会氛围相契合，将品牌精神融入"中国梦"，也体现了 BMW 的政治公关意识。

点评专家：张景云

北京工商大学商学院教授

荣威950 "新公车时代" 传播案例

执行时间： 2013 年
企业名称： 上海汽车
品牌名称： 荣威
获奖情况： 2013 最具公众影响力品牌传播奖

项目背景：

"十八大"掀起了一股强烈的社会新风。由"轻车简从"到"改进工作作风、密切联系群众的八项规定"，由"三公经费"到遏制"舌尖上的浪费"，"反腐、务实、亲民、低调"已然成为了 2013 年的主旋律。

同时，在 2012 年年底，支持自主品牌车的风潮愈加强烈，上至"仅接受政府订单"的红旗 H7，下至吉利、奇瑞、传祺等自主品牌纷纷摩拳擦掌力推中高端车型。由此可见，国家及社会舆论对自主品牌公车采购的倾斜，是一个不可或缺的重大机会。

作为"能够代表中国目前最高端科技实力造车技术、能够满足领导对于高端公务用车功能性的要求、能够体现国家意志，扬我国威，树立低调务实的政府形象的中高端自主品牌"，上汽荣威当仁不让成为公务用车首选品牌之一。上汽公关部亦携手哲基公关欲趁势而上，以荣威 950 "深藏若虚"的为人、用车之道，深化荣威品牌"低调务实公务用车"的形象，率先完成第一批公务车市场的大范围铺面。

众多专业权威媒体在亲身试驾体验之后，对"首席行政座驾"荣威 950 交口称赞，表示对民族自主品牌感到自豪。荣威 950 增添了他们对自主品牌的信心，这种信心已经从产品自信、品牌自信上升至文化自信。这种文化自信，言简意赅，则是在新公车时代下，"公车"应注重"公"字而不是"官"字。中国汽车文化必须要从"崇尚奢靡"向"务实低调"转变，从"官本位"向"去标签化"转变，公平公正对待自主品牌，支持中国品牌发展。

项目调研：

两会期间，"车轮上的铺张"现象更是引发了社会民众之热议。2013 年伊始，网友爆发了"随手拍豪华军车"的行动，部分悬挂军方牌照的豪华车被曝光，中国社会科学院农村所社会问题研究中心主任于建嵘教授每天收到网友百余封私信，并于微博对军牌豪车进行"鉴定"；北京小学生建议给公车挂上红牌照，以便于统一管理和群众监督，遏制"公车私用"现象；公务员用车补贴引发民众争议。"反腐、务实、亲民、低调"已是"民意所指，民心所向"。

现有的高端公务车市场中，第一阵营由奥迪 A6 为主导的豪华及进口品牌车型雄霸，第二阵营由别克、君越、帕萨特等为代表的合资品牌抢占，而自主品牌遇到了新契机：《2012 年度党政机关公务用车选用车型目录（征求意见稿）》里的"公务用车"并不包括省部级领导干部用车，引发外界不断质疑，体现了市场对高端公务车采购自主化的期待，自主品牌破冰在即。

这个项目的挑战在于，在两会期间民众以及媒体势必会更加关注公车奢靡浪费问题，自主品牌需要在这一风潮之下打破惯常思维，塑造崭新的自主公车形象。

这个项目的机遇在于，中央所颁布的批文中的"省部级领导干部用车"这一空白地带给自主品牌荣威 950 带来了新的方向。

项目策划：

1. 传播目标和公众

"我们逐渐要坐自主品牌的车，现在也有了这个设计和生产，老坐外国车观感也不好……很多外国领导人都坐自己国家生产的车，除非没有生产。"2012 年年底，习近平总书记发表了以上内部讲话，奠定了"公车亟须自主化"的大方向，将搁置已久的党政机关公务车采购标准再度拉回舆论风口浪尖。

十八大前的公务用车标准为"高档、体面的豪华车形象背书；可靠耐用的实际用车品质；充裕空间、主动安全、高效静音的高性能满足"。

十八大后，明确了 2013 年领导干部用车方向 ——"自主当道，务实用车。"同时，各地两会代表期待加快公车改革，倡导自主品牌，各地政府对"改进工作作风第八项规定"纷纷响应，表态将逐步换乘国产自主品牌汽车。"新公车时代"重在"公"字，不在"官"字，"去标签化"、"去官车化"成为"新公车时代"的公务用车特征。

作为上汽全新第二代产品的旗舰车型，"首席行政座驾"荣威 950 顺势而上，紧抓两会契机，营造舆论三大方向"最适合省部级领导用车"、"最能与合资品牌相抗衡的公务用车"、"最能代表中国自主品牌最先进科技和最高端实力"，树立"低调、务实、担当"的文化自信。

2. 传播策略

（1）议题设置、贯穿全程：于"两会"前后，拟定"新公车时代"社会性话题，并划分为三大阶段，从理性用车标准和感性文化诉求，步步为营、深入剖析，形成持续性焦点关注。

（2）抛出话题、阶段造势：呼吁"公车亟需自主化"，"公车如何自主化"，同时强调荣威品牌是最符合当下中国汽车文化自信需求的自主品牌，从产品自信上升至文化自信。

（3）图文并茂、二次传播：通过"百辆荣威 950 进京两会"为事件营销，使两会报道媒体深度体验荣威 950 的同时，有感而发进行微博二次传播，使传播效益最大化。

项目执行：

从 2013 年 2 月 22 日开始，我们积极响应舆论，推出"新公车时代"阶段话题，与媒体进行深度合作，探讨支持公车自主化的重要性和必要性。在"新公车时代"舆论引导优势已显现，全民疾呼"公车自主化"后，将两会期间"新公车时代"话题聚焦荣威 950。

（1）预热期：（春节后至两会前夕）针对"两会""公务用车"提前进行阶段话题预热。

（2）话题设置："公车亟须自主化。"

（3）核心信息：自上而下、率先垂范坐自主品牌车是新公车时代的主旋律！"公车须自主化"是不可逆转的趋势。从"崇尚奢靡"向"务实低调"转变，从

"官本位"向"去标签化"转变,自主公车的坚冰正在消融。公车自主化的践行,需要"能够体现国家意志,扬我国威,树立低调务实的政府形象,能够体现中国目前最高端科技实力及造车技术,能够体现中国汽车文化自觉"的中高端自主品牌汽车。

(4)媒体选择:华东三省市党政类媒体,在媒体重镇进行充分铺垫和话题预热。

(5)造势期:(两会期间)以"百辆荣威950两会进京"事件作为整个传播的高潮,借助受众对两会现场报道的关注,对荣威950作为"全国两会媒体专用车"的意义进行剖析和解读,开创了全新的传播形式。

(6)主题设置:"百辆荣威950进京两会"。

(7)核心信息:提供荣威950作为部分权威媒体的2013年全国两会新闻采访用车,进一步强调"新公车时代"的传播主题,提升荣威汽车在消费者心目中的品牌感召力。媒体两会采访车身将涂装有"两会新闻采访用车"的字样的荣威950,停放在两会采访记者的专用停车场,并在两会期间亮相天安门广场。荣威950车队开入人民大会堂的照片,纷纷被各大媒体用作头版新闻主图及新闻配图。邀请两会代表试乘试驾荣威950,以两会代表的实际体验感受和乘坐照片,通过微博阵地进行传播,树立荣威950的"新公车"代表和"低调务实"的口碑。

(8)媒体选择:进驻"两会"现场报道的媒体,如:《北京青年报》、《法制晚报》、《参考消息》、《华夏时报》、《北京晨报》、《青年参考》等辐射全国,实现广泛传播,同时借助党政类媒体,如《新华日报》、《解放日报》等影响公务人群。

(9)延续期:(两会过后至4月初)启动第三阶段传播话题,凸显荣威是最符合当下中国汽车文化自信需求的自主品牌。并以二次传播强化传播效果,汽车、财经类媒体,落实到荣威950产品,体现自主造车实力。同时,进行媒体宅捷修体验,传播上汽"宅捷修"服务产品方便地解决了用户车辆的保养和维修问题。

(10)话题设置:"为何在'两会'期间,政府着手加速推动公车自主化的进程?"

(11)核心信息:"自主品牌的发展是中国汽车业最大的红利。"是否具有"核心竞争力"将是考量自主品牌是否强大的重要指标。目前国内自主品牌已经具备产品自信,文化自信,拥有了成就自主品牌良好形象口碑的基础。而上汽荣威950所传递的"低调、务实、担当"的形象,不仅体现了当下中国汽车最需要的文化自信，更与"实干兴邦"、托举"中国梦"的精神一脉相承。荣威是最符合当下中国汽车文化自信需求的自主品牌。同时，在整体传播期间通过高端媒体试驾，在高端媒体层面，进行媒体口碑传播落地，在宣扬产品的同时，树立媒体消费者对自主品牌、对荣威的信心；通过与奥迪 A6 的全方位对比，令对比稿件集中爆发，多角度呈现荣威 950 三大核心信息。

（12）媒体选择：

南北联动，全媒体应用，运用平面、博客、微博，以两会主阵地北京为主，联合上海打出媒体组合拳。

运用北京媒体意见领袖，奠定行业舆论高度。

通过北京政府/消费类媒体、上海消费类媒体，影响目标人群。

通过北京财经类媒体、上海业内媒体，树立行业格局。

项目评估：

自启动"新公车时代"舆论引导以来，截至 3 月 14 日，这已成为当下公务用车市场热议话题，引发媒体大量关注讨论，据不完全统计，百度上关于"新公车时代"的新闻报道及转载约 1090 篇；新浪微博上关于"新公车时代"的相关话题达 144 条。

从汽车媒体到财经媒体，全民疾呼"公车自主化"、"新公车时代"舆论，荣威 950 民心所向；媒体官方微博极力呼吁"公车自主化"，并结合两会代表亲自体验，力推荣威 950；核心媒体及媒体人的个人微博在强调"新公车时代"之余，将荣威 950 对比奥迪，认为荣威 950 是新公车的不二之选。

"百辆 950 进京两会"活动，使用荣威 950 作为采访车的媒体 18 家，共计 42 台车。其中，北京媒体 22 台，外地媒体 20 台；媒体自发传播率 95%，媒体落地率 87%。

媒体们在用车过后，纷纷对荣威交口称赞，表示对民族自主品牌感到自豪。荣威 950 增添了他们对自主品牌的信心，这种信心已经从产品自信上升至文化自信。

案例点评：

上汽荣威公共关系部门近年来在哲基公共关系公司的配合下，在品牌形象建设和公共关系工作方面屡有大的手笔。荣威950"新公车时代"传播案例，就是其中颇具特色的一例。

案例的特点之一：借势造势，搭船出海。

众所周知，在竞争已趋白热化的中国轿车市场，公务车具有某种风向标的意义。这不仅因为公务车本身的市场潜力，更因为某一品牌的轿车一旦被选用为公务车，即意味着其品质和社会身份的认定，从而能极大地提升其品牌形象，并对其他消费群体产生潜移默化的影响。但以往这块市场，基本上被外资或合资品牌所占领，自主品牌虽不是没有，但确实很少。

近年来，情况已渐渐发生变化。尤其党的"十八大"召开后，新一届中央领导加大了反腐败、反浪费的力度，遏止"三公消费"，提倡简朴务实，这就让诸如荣威950这样的中高端自主品牌有了趁势而为的大好机会。

无疑，"新公车时代"口号的提出，就属于这样一种借势造势、搭船出海之举，而且高屋建瓴，不囿于一己之品牌，大有为所有自主品牌轿车代言之气势。这更能凸现自身的品牌形象，更能激发政府机构、新闻媒介和其他社会公众的认同感。这一概念和议题的制造，确实是相当高明的。而这又得益于项目运作团队对政治的高度敏感和对公众心理的准确把握。有关专家曾经强调，在现今中国，要做好公关，从业人员不懂政治是不行的。这一案例的成功，似乎再一次证明了这一点。

案例的特点之二：营造热点，精准传播。

对于一个公共关系项目来说，仅有好的概念和议题是不够的，重要的是怎么运作和传播。而在这方面，上汽荣威和哲基公关的运作团队似乎驾轻就熟，颇有章法。所以我们看到了整个项目从抛出话题、预热造势、主打活动推出到后期话题延续这样一个有序的推进过程。其中，作为主打活动的"百辆荣威950进京两会"热点事件的营造，更可谓是借势造势的点睛之笔，非常巧妙而精准地渲染了"新公车时代"这一口号，从而引起了政府机构、新闻媒介和其他社会公众的高度关注。在"两会"期间制造这样一个热点事件，自然能赢得各类媒介的竞相报道。其传播效果之好，对品牌提升力度之大，当可不言而喻。

点评专家：叶茂康

国家职业资格工作委员会公共关系专业委员会委员

中国国际公共关系协会理事，学术工作委员会委员

上海市公共关系协会学术委员会委员

上海外国语大学公共关系研究院顾问教授

上海师范大学原公共关系学系主任

微信星巴克新年活动新浪微博传播

执行时间： 2013 年 1 月 19 日 ~ 2013 年 1 月 29 日

企业名称： 北京炫橙文化传媒有限公司

品牌名称： 微信

获奖情况： 2013 最具公众影响力品牌传播奖

项目背景：

微信作为目前最热门的移动互联网入口应用，广受社会各界人士关注，并在用户群中保有较高的关注率。微信已与星巴克合作，成功运作了不少经典的新媒体营销案例。2013 年新年期间，微信再次携手星巴克中国上线新年主题运营活动"微信扫一扫，新年星运到"。活动形式为用户关注"星巴克中国"微信公众账号，即可参与定制小游戏参与抽取新年红包。

作为微信方推广执行团队，需要多角度挖掘活动亮点吸引用户参与，引爆互动热度，将星巴克微信新年活动打造成又一行业关注热点营销事件，突显微信开放 API 可实现的多样化特性，进一步提升微信在新媒体营销格局中的重要价值及战略意义，吸引行业内展开广泛探讨，加深企业主/品牌方对微信公众平台价值的认可度，让微信多样化的用户体验深入人心。

项目调研：

微信诞生不到两年，已经成为中国最成功的移动互联网产品，而用户对微信这一新型移动社交工具的认知也发生了诸多变化，一大批资深的微信用户/媒体/公众账号开始主动引领微信潮流，并活跃在新媒体领域时刻关注微信的新动作、新趋势。星巴克通过与微信的强强联合，依托微信庞大的用户基础，利用音乐电台、星巴克闹钟、圣诞活动等一系列创新互动，巩固并完善着品牌的数字化战略，积累了较为客观的微信听众。

但我们仍注意到，用户对微信越了解，对微信账号的运营质量要求也越高。随着诸多营销人员/机构/大号开通并运营微信认证账号，用户的选择也越来越多元化，面对用户为王的竞争，即便是小众草根也可与国际品牌同台较量。因此：如何挖掘、匹配活动内容与用户的兴趣、需求，使营销活动与用户产生最大正相关；如何使信息的传递、沟通更迎合用户的讨论情境、习惯，进而激发用户主动跟进，实现各营销平台的传播配合；将是微信星巴克新年营销活动传播的主要挑战所在。

项目策划：

（1）传播目标：传播活动相关信息，号召粉丝关注参与；实现用户参与活动相关体验信息的二次扩散。以"星巴克与微信再度携手，新年送好运"为主题，再次打造热点营销事件，广泛吸引行业内人士、意见领袖及品牌方关注。

（2）策略基础：以微博用户、微信用户、星巴克粉丝三大平台重合的用户群作为目标人群样本，以微博为基础数据聆听平台，分析挖掘目标用户群关注点，与项目传播目标进行匹配，产出核心传播点及内容创意焦点。

（3）策略路径：结合用户关注焦点及社会化分享热点，挖掘"星巴克微信新年活动"自身的互动亮点，积聚与广大网友的互动分享关系链，在传播前期积累大量的草根用户声量，形成以微信体验加微博分享、扩散为配合的闭环传播路径，不断深化传播焦点。后期由 TOC 创意互动向 TOB 深度探讨递进，通过不断沉淀的社会化舆论基础，进而由面向 TOC 的用户吸引转向面向 TOB 的深度价值探讨，塑造新一轮的微信营销热点事件。

（4）TOC 传播策略：以新浪微博为传播主阵地，主打"新年好彩头"的活动利益点，迎合国人的节庆心理。一方面经由星巴克粉丝首发活动内容、分享活动体验信息，形成品牌用户圈层的自发传递路径；另一方面借助娱乐、搞笑类红人大号推转创意互动引导，激发更多微博用户的参与体验及主动 UGC 产出。全程实时监测、整合用户活动体验信息点，不断调整扩散推转内容以吸引更多网友参与。

（5）TOB 传播策略：以新浪微博加营销/科技媒体为沟通主阵地，借由"微信星巴克新年活动"为契机，探讨微信在新媒体营销格局中的重要价值及战略意义。首先以活跃营销/科技类大号为源头，点评活动亮点及价值，其次以案例总结盘点等方式，引发更多行业人士多维度探讨过往微信营销方式及此次活动带来的创新借鉴，最后，以第三方媒体视角总结微信新型营销方法论，给予行业参考标准。

（6）媒介策略：精准筛选目前微博运营较为优质的大号及行业内意见领袖，打通不同领域内的各个传播结点，力图实现"多点开花"的传播路径，提升信息传播效率；针对星巴克粉丝、微信资深用户、营销/互联网行业用户分别设置对应的传播媒介及互动话术，多角度围绕微信活动展开深度沟通，促使信息源的二次扩散；为具有高效爆破力度的传播结点设置深度评论内容，重点吸引微博"公知"的参与，形成社会化焦点话题；以案例分享、方法论研究等形式扩散微信营销价值内容，引发优质网媒对长评内容的主动发布，提升传播效力。

项目执行：

（1）分布真实用户活动体验信息分享源头，通过草根网友微信互动晒图分享，扩散奖品，吸引网友参与。

（2）结合星座热点，发布十二星座遭遇星巴克微信新年礼遇活动的不同反应《当十二星座遭遇意外之财》，通过漫画形式，利用星座类大号与用户展开创意互动，戳中用户痒点，植入活动信息引导用户参与体验；大范围告知活动参与方式与奖品，提升活动影响力。

（3）结合年终奖热点，盘点用户晒出的奇葩年终奖，将活动信息进行创意植入，以搞笑类大号发布引发网友关注、推转，刺激用户体验。另一方面，不断以结合天气、节庆氛围的创意点主动发布草根原创内容，与星巴克官微形成互动推转，扩大用户接触面。

（4）盘点年底各个洋品牌（星巴克、阿迪达斯、肯德基、可口可乐等）如何进行春节营销。借助此项内容，一方面为用户提供更多可参与的新年活动，吸引用户关注，另一方面，为后续转向行业分析提前打下内容埋伏，吸引行业人士看点。以互联网大号与用户互动，跨行业扩散活动信息。

（5）借洋品牌活动盘点内容发表深度分析长微博，集中针对活动形成热议氛围，提升关于微信价值的讨论，借势发布"微信年度运营账号类型总结分析"、"新媒体营销方法论总结"等专业内容，快速、精准利用IT、营销大号打通各领域分析人士关注，爆发微信价值热议。

活动全程设置"微信星巴克"、"开红包星运到"两大关键词进行微博、论坛、新闻媒体的全面监测，实时抓取用户热点内容进行整合二次扩散，并调整创意点，连接微信、星巴克官微、星巴克核心用户、IT圈、媒体圈等多个节点，串联内容以迎合不同类型用户的视角进行发布。

项目评估：

（1）品牌热度综合分析：在为期9天的传播中，星巴克以及微信公众平台的关注量持续快速增长，其中"星巴克中国"的热议度增幅超600%，而"微信"的热议度也以361027的数值达到半年内的又一至高点，对微信营销价值的推广起到了良好的指引。借助星巴克微信营销案例的分析研究，预计在日后的营销活动中，微信公众平台将以更重要的营销配比出现在新媒体营销当中，对社会化营销的格局起到较为深远的影响，从而提升企业对微信公众平台的认可度。

（2）用户关注热度综合分析：传播过程中的用户实时信息搜索量取得了上万量级的突破。其中在有关"星巴克微信"的信息发布量当中实现了20000余条增长量，而"开红包星运到"则实现了300余条原创内容的增长量。通过主动内容创造引发用户的关注与原创内容发布，在新浪平台当中实现了良好的循环，且持续保持高速增长。在用户群体形成了出色的参与热度，并且引发整个微博平台的热议。另外，后期营销案例化转移，也让企业获得了对微信公众平台极高的认可度，并引发大量企业官微主动跟进与内容产出。

（3）行业用户关注热度分析：此次基于新浪微博平台的微信推广活动当中，引发了包括新浪V字认证、企业蓝V以及各领域微博达人共计1045人（或企业）的主动跟进，营造了真实的基于星巴克微信营销案例点评热潮，对整个平台的影响度更是不可估量。不仅实现了此次活动的营销广度覆盖，同时借助企业蓝V以及V字认证用户的主动跟进以及积极点评，更是将此次活动的深度影响力推向了新的高度。

（4）媒体关注热度分析：相关案例化内容发布后引发25家企业账号（蓝V认证）转载发布，覆盖范围涉及营销机构、电商企业、电信企业、影视机构、培训机构、媒体等，各大官微均予以推荐，新浪微博热门公知"@丁辰灵"、"@陈亮途"等均加入探讨互动中，形成了良好的舆论关注及价值挖掘氛围。其中以新媒体营销案例分析、微信营销优质案例分享为主要内容的两篇图文微博，共计被各类企业账号（蓝V认证）收录转载15篇次，其中包括被纵贯咨询、首席营销官观察网站、奇才互联、成都尚扬文化传媒有限公司等。部分传播文章获得市场部网、艾瑞网、中国公共关系网主动转载发布，SocialBeta 更是专门撰稿分析报导此次星巴克微信案例。与用户关注热点结合的创意类内容更是获得猫扑网热点转载。企业、自媒体、专业营销、互联网等各领域的广泛赞誉与深入探讨，为微信价值提升奠定了基础。

案例点评：

在当前这个时代，一个品牌策划是否能够成功落地，很大程度上在于对于数字媒体的运用能力，跨平台的内容创造和组合能力，以及对于消费者洞察的深入把握——如何用创新的方式打动人心，如何用创新的方式与大众产生共鸣。

微信星巴克新年活动案例对于微信、微博等新媒体平台的特点有了深入的思考和策划，并且较好地挖掘和洞察了网民的兴趣和当下的热点话题，如星座、奇葩、新年红包和春节营销等。在内容创造（文字、视觉）、资源运用（知名品牌微博、大 V、蓝 V）和众筹 UGC 机制方面均有很好的表现，在设计机制上从TOC 再到 TOB，层层铺陈，避免了网上热点活动常有的来得快去得也快的弊病，形成了叫好的持续性。整个活动的思路清楚，创造力强，结构丰满，因此最终赢得了出色成绩。

点评专家：丁晓东
蓝色光标数字营销机构总裁

"牛奶的秘密"——恒天然品牌微电影整合传播

执行时间：2013 年 6 月 29 日至 2013 年 10 月 12 日
企业名称：恒天然商贸（上海）有限公司
品牌名称：恒天然
获奖情况：2013 最具公众影响力品牌传播奖

项目背景：

作为全球乳品营养的领导者，恒天然长期致力于"提供安全、优质的乳品，并在全球范围内不断创新与消费者的沟通和交流，将牛奶中蕴含的简单而纯粹的爱传递给消费者"。2013 年，面对数字化、社会化变革引领的品牌体验创新时代，"恒天然"开始在中国市场探索尝试新的品牌  沟通方式，希望借助新媒体平台及整合互动传播模式，与消费者开展更为情景化、情感式的沟通和交流，演绎更加精彩、生动、共鸣的恒天然品牌故事。

项目调研：

近年来，政府对互联网传播信息的监管和一系列事件所传递的信号表明，舆论营造及品牌传播应该以更加透明、真实、并饱含积极向上的元素，才能给网络社群及社会公众带来营养实用的内容、积极情绪的支持、主流价值观的拥护等信息，才能顺势而为，与目标社群形成有效沟通及良性互动。

在结合传播环境对品牌沟通内容及调性形成初步判断后，基于数字媒体、社会化媒体的品牌沟通表现形式是进一步思考的问题。根据品牌现状，我们重点思考了如下问题："什么是最能契合品牌内容调性并能更好地承载品牌价值主张、且可以整合驱动全传播手段和工具的形式？微电影，自然成为当仁不让的最佳选择之一。

2013 年，《致青春》、《小时代》、《那些年我们一起追过的女孩》等青春电影再一次推动了一波电影商业文化的盛筵，为行业、观众在商业元素表达及情感沟通方面，提供了很多丰富的感官体验及运营借鉴。

在受众层面的调研中发现，受众对微电影商业化传播的态度更加包容，对商业化模式的电影更加关注其所传递的情绪或情感共鸣层面的价值，多数微电影爱好者或观影人不排斥品牌信息的植入，在意的是品牌植入对内容情节感官及精神诉求形成干扰。

上述发现表明，微电影传播面临的挑战是：

如何营造触动受众情绪的情感共鸣的内容及内容传播？

如何让品牌信息植入及传播解读更顺其自然、水到渠成？

如何让影片内容或传播解读所传递的情绪或情感共鸣，与品牌价值主张一脉相承？

项目策划：

（1）目标：策划一部恒天然品牌的微电影，创新演绎恒天然品牌价值主张，并以微电影驱动恒天然品牌整合营销传播价值，形成恒天然品牌与社会公众及消费者全方位的沟通与互动，以创意、整合、互动思维传递恒天然品牌价值主张及精神诉求。

（2）策略：延续年度商业电影中形成广泛关注氛围的"青春热"元素，同时融合恒天然品牌的纯净、简单、专注、阳光的品牌价值，以唯美、文艺气质的青春校园爱情演绎"恒天然之爱"的故事，影片发行中在各大主流视频平台形成首发和联动，同时，将社交网络作为观影及互动的核心阵地，引发网友对影片及传递情感元素的沟通及互动参与，进而以线上线下整合传播的布局，形成围绕"恒天然推出首部微电影"的品牌事件整合传播互动战役。

（3）目标受众：媒体、意见领袖、消费者、行业等所有与恒天然品牌在中国市场有关的社会公众。

（4）核心信息：恒天然"牛奶的秘密"：纯净、简单、专注、阳光。

（5）传播策略：线下活动观影、视频网站首发、社交网络引发观影讨论、媒体报道品牌事件，进而形成立体式的品牌事件整合传播及互动战役。

（6）媒介选择：视频网站：优酷、土豆、新浪视频、搜狐视频、腾讯视频、电影网等。

社交网络：新浪微博、腾讯微博、微信、人人网、QQ 空间等。

（7）网络媒体。

门户：新浪、搜狐、腾讯、网易等。

党政：新华网、人民网、光明网等。

行业：中国奶业协会网、荷斯坦等。

财经：和讯网等。

区域：新民网、华龙网等。

平面媒体：光明日报、中国食品报、工人日报、消费日报、北京青年报、深圳晚报等。

项目执行：

（1）微电影策划、拍摄及制作。

微电影主题：《牛奶的秘密》

时长：17 分钟

风格：校园怀旧、爱情文艺、清新自然、执着信念

拍摄时间：2013 年 6 月 ~ 2013 年 7 月

拍摄地点：河北唐山恒天然牧场 内蒙古工业大学 内蒙古石梁草原。

故事梗概：微电影《牛奶的秘密》再续青春主题，在 17 分钟的片长中，讲述了一对校园情侣跨越 6 年的纯爱之旅。

拍摄小结：前期剧本经过反复推敲，在拍摄过程中给予了演员及导演清晰明了地指导；在较短的筹备期内，顺利完成前期筹备工作，在天气不理想的状况下，克服多种困难，按时完成了拍摄任务。

（2）微电影首映暨媒体观影会。

活动主题：恒天然媒体联谊暨品牌微电影观影会

时间：2013 年 9 月 23 日 17：30 至 20：00

场地：北京市朝阳区工体北路 Bali 空中海滩酒吧

到场人员：包括央视等影视媒体、财经及大众媒体、食品及乳品行业媒体、时尚媒体、网络媒体等在内的近百名媒体从业人士。

活动内容：恒天然高层、品牌微电影主创团队与媒体现场互动、观影交流，

媒体及业内人士对恒天然微电影传递的价值观念及恒天然战略表达给予高度评价。

（3）微电影上线推广及整合传播。

视频首发覆盖：《牛奶的秘密》在优酷、土豆等各大视频平台联动发布，引发微电影关注者推荐。

形成观影评论：微电影以其清新、简单的艺术元素及正能量的价值导向引发各大平台网友积极观影。

社交网络扩散：视频平台与社交网络互动打通，大量网友的观影评论在社交网络形成扩散

意见领袖影评：时尚、娱乐、电影等意见领袖加入对微电影的专业影评，通过微博、微信、人人网、Qzone等平台整合互动，引发观影互动高潮

微博话题热议：新浪微博#牛奶的秘密#生成微博讨论话题，网友对"是否相信纯爱"展开观点PK及争议，进一步对影片、故事及情感主张展开热议，进而关注品牌行动及价值传递。

媒体关注报道：媒体形成对恒天然微电影及品牌行动的新闻及评论报道，提升品牌事件影响。

品牌活动发起：引发网络维度对微电影《牛奶的秘密》的积极反响后，恒天然官方微博及微信推出#说出你的秘密#有奖互动活动，鼓励网友在体验《牛奶的秘密》的纯情故事后，同时对心爱的人"说出埋藏依旧的内心秘密"，通过#说出你的秘密#互动活动平台"大声表白"，见证属于每个人的#恒天然之爱#。

项目评估：

恒天然集团大中华区副总裁秦敏认为："《牛奶的秘密》这部微电影中所表现的简单、纯净、专注与阳光，恰恰契合了恒天然品牌的核心价值。微电影对于恒天然是个全新的尝试，未来我们还会不断运用各种艺术元素和手段，与消费者开展更为密切的沟通和交流，演绎更多更精彩的恒天然故事。"

（1）媒体互动与反馈。

新华社记者：如果有续集，希望能看到更多的新西兰元素，给大家展示真正的恒天然源头的本真面目。

经济日报记者：没有想到恒天然会拍这样一部这么纯粹的片子，我本人并不是很相信纯美的爱情，但是影片的纯粹会让我联想到恒天然，恒天然就是一个有高品质追求的公司。

荷斯坦记者：我是一个90后的观影人，我觉得影片也很符合我们的时代，很有致青春的气息。

中国奶牛记者：看到这部影片，首先让我想起了我自己的青春和爱情，拍的非常动人。其次，我觉得恒天然是一个非常有企业责任感的公司。

时代周报记者：电影表达的纯净与牛奶是非常契合的，没想到恒天然拍出的微电影是这样一种感觉，非常的出乎意料。

中国网记者：看完这部关于牛奶的电影，让人感受到爱情是无添加（杂质）的，有纯纯的感觉。

（2）网友互动与反馈。

Sty－Faye：#牛奶的秘密# 你相信纯爱么？相信纯爱，真正的爱就应该简单、纯净？

君哥：#牛奶的秘密#你相信纯爱么？纯爱只是故事。拥抱那一刻只是对曾经感情的交待，现实是身份的巨大差异和男权社会中女强人必然遭遇的生活中的尴尬际遇。我不看好这段六年前没有开始的感情。不过女主角蛮漂亮的，喜欢。

冬方时空：#牛奶的秘密#纯爱是一种信仰，信仰有时候很简单。

紫鑫er：纯纯的感情，不会褪色。但是始终保持纯净就是一件很难的事。

说到妮心坎里去了：没有豪言壮语没有山盟海誓，只是将所爱之人的一个小小爱好当作一生的事业追求，在这个浮华浮躁，索取无度的当下，给年青人传递出朴实无华的正能量！

Janson－Dong：纯爱，因为爱所以爱，所以弥足珍贵。

丑小丫丫hyr：恒天然的牧场那么美？刚看到微电影里的场景小伙伴们都惊呆了！

（3）传播小结。

微电影自然播放量数十万次；在优酷、土豆、新浪视频、搜狐视频、腾讯视频、电影网等几大平台引发了积极的反响。

以微博为核心观影互动平台，同时在微信、人人网、QQ空间等社交网络也引发了大量的网友自发互动，在社交网络中形成了数万条次微电影讨论。

上百家包括大众、财经、行业、时尚、网络等不同类型的媒体对恒天然推出首部微电影，展开了全方位的传播及跟踪报道。

恒天然首部品牌微电影在内容及网络互动表现被卫视媒体相关栏目主动关注，进一步拓展了品牌创新传播的纵深影响力。

案例点评：

作为全球乳品营养品牌的领导者，"恒天然"在开拓中国市场时，需要找到其特定的目标顾客群体，并塑造独特的品牌形象，拉近与中国消费者的心理距离。在中国，高端奶粉市场主要由婴儿奶粉占据，婴儿的喂养奶粉的天然、营养和安全，是家长最为关心的问题。婴儿是乳粉的主要消费群体，而购买者和决策者往往是他们的父母——年轻的爸爸妈妈。他们经过了爱情的洗礼，经过现实生活的考验，开始体验现实的婚姻。婴儿乳粉往往与哺育"宝宝"——这一爱情的结晶联系起来。因此，此次公关活动中，"恒天然"针对目标消费群体的心理需求，从寻找纯真爱情切入，主打情感路线，与品牌的"调性"相吻合，并符合品牌价值表达的需要。

在传播主题的设计、传播渠道和传播方式的选择方面，也是针对目标消费人群的特点展开。从媒介接触角度看，年轻的父母们工作生活劳碌辛苦，他们是"70后"和"80后"网络的习惯使用者，"恒天然"选择在各社交网站进行微电影传播，与目标受众的接触习惯是吻合的。在传播信息的设计方面，标题《牛奶的秘密》设置悬念引起观众的注意，与目标公众希望探求的问题"什么是最天然、最纯正、最安全的牛奶？"相吻合。通过电影"故事化"的表达，从"是否存在纯粹的爱情？"等年轻父母们喜欢探讨的话题入手开展交流，从故事的空间背景（大草原）和故事情节中主人公的心理状态——对纯洁爱情的专注，借助"移情"心理机制，向目标人群传递该品牌价值主张——"纯净、简单、专注、阳光"。该策划不仅使用微电影进行网络媒体的单一传播，还配合线下活动推广和平面媒体进行整合立体传播，取得全方位的密集传播效果。

该策划还借助了社会环境因素开展，比如青春类商业电影的热播、现代社会婚恋观多元化、网络环境需要"正能量"的引导等，与主流社会的价值观更加契合，可谓"天时地利人和"。此次活动的开展，不仅加强了品牌与消费者的情感联系，而且对于2013年1月和8月份出现的"三聚氰氨"和"肉毒杆菌"事件具有一定的修复作用。

点评专家：张景云

北京工商大学商学院教授

佳能影像之桥—亚洲青少年影像文化交流项目

执行时间： 2012 年至 2013 年

企业名称： 佳能（中国）有限公司

品牌名称： 佳能

获奖情况： 2013 最具公众影响力品牌传播奖

项目背景：

佳能从 1995 年起支援建设了 9 所中国边远地区希望小学，帮助推动中国的教育发展。在援建希望小学后，佳能在与当地校长、老师的访谈中了解到，学生虽然在物资上得到了资助，改善了教学条件，但是和城里小学生相比，他们接触山外的世界的机会有限，而对学生眼界的开阔、心理的成长是学校素质教育的侧重点。在保障孩子获得同等教育资源的同时，也需要努力让孩子能获得同样接触外界的机会。

同时，亚洲各国有不同的地理、文化、语言等差异，会因此产生不必要的误解和隔阂。而"影像"作为超越语言的一种交流工具，能够帮助不同地域的人们通过影像增进了解，建立友谊，传递感动。

2013 年，着眼于此，佳能正式启动"佳能影像之桥"暨亚洲青少年影像文化交流项目，通过影像作为载体，促进各国小学生之间的交流，让中国希望小学的孩子了解世界文化，同时，让各国和地区了解中国的文化，开拓孩子的眼界，也通过各国各地孩子间的影像作品交流，提升孩子的沟通能力，扩展孩子的交友范围，从而建立友谊与促进世界和平。

2013 年参与佳能影像之桥的国家和地区主要集中在亚洲，包括：新加坡、马来西亚、泰国、印度、菲律宾、日本、中国香港地区、中国台湾地区。

项目调研：

在与青基会、希望小学校长和老师的深度访谈中，佳能了解到这部分孩子在读书过程中走出山村的机会并不多，有不少孩子都是留守儿童，他们其实很需要通过与外界的沟通，获得人们友爱的关注，获得更多心灵成长的机会。

而佳能从 2009 年起，在中国青基会的支持下，已经与全国 100 所希望小学开设摄影趣味课堂，同时通过在亚洲区的摄影课堂，联合日本、新加坡、越南等国的学校，共同开展过影像交流活动，横跨整个亚洲多国的交流，从操作经验上而言，佳能教育项目组是有相关经验的。

另一方面，佳能 CSR 也积极与佳能在亚洲的各个公司高层沟通，各国、各地的支持度都很高，也有部分国家反映需要一些时间做调研，看如何开展，并在各公司成立的专门的项目组，负责寻找学校、摄影培训、文化交流课堂开展及作品寄出、翻译和展出的工作。

2013 年 4 月份佳能影像之桥项目正式启动，佳能该项目负责人共同商讨了项目主题、logo、Slogan，统一成了 Canon Image Bridge 项目，各地可以适当本地化 Slogan 和本地化操作模式。

项目策划：

佳能（中国）秉承"共生"理念，以自身影像技术优势，在中国践行"影像公益"，佳能认为影像是能够超越语言障碍达到沟通目的最佳手段，因此利用全球化优势，在业务覆盖的数十个国家和地区开展教授青少年摄影知识和技巧的公益项目。并通过佳能影像之桥活动教育公众对希望小学孩子心灵成长的关注和理解，并通过这个活动让更多人了解影像带给人的感动、快乐，让人知晓世界更丰富的一面，进而能喜欢佳能的品牌，理解佳能"共生"的企业理念，"感动常在"的品牌诉求。

项目执行：

因为涉及到多国交流，项目执行有几个关键点。

（1）统一协调时间：各地需要同时开会沟通交流对象和交流时间，各国要有统一的项目执行表，以确保在固定时间，提交摄影作品。

（2）各国文化素材准备：在摄影课堂的时候，每个国家都需要准备相应的影像资料和素材介绍对方各国/地区的文化，这样才能在了解交流国文化的基础上，对交流国摄影作品进行评论。

（3）翻译：在交流照片的同时，也需要翻译孩子自己对照片的描述和对他人照片的评论，这样能更清楚地了解照片背后的文化内涵。

（4）学校选择：要选择当地愿意参与文化交流、且有条件开展摄影课堂的学校，同时也需要考虑当地需求，比如越南选择的是当地一所偏远山区的学校，那边的孩子对外界极其渴望，当地民众支持度很高，菲律宾选择的是高山省5所学校的孩子，因为佳能菲律宾公司曾经为当地梯田重建贡献了资金和人员支持，选择时间也是当地感恩丰收的节日，能让孩子拍到原生态的文化，并让世界了解。

（5）留学生志愿者招募：介绍各国文化时，还是选择能说中文的外国留学生会更为贴切，比如泰国留学生彭文斌，就是通过佳能招募而来，他能用流利的中文与中国希望小学的孩子沟通，并介绍泰国文化，孩子的好奇心、积极性都极高，效果很好。

中国区活动安排

摄影课堂：发现美、发现爱。

摄影课堂分为4个部分，第一部分专业摄影师教孩子摄影技术；第二部分是分发给孩子佳能相机进行校内的拍摄；第三部分是将孩子的照片用佳能打印机打印出来；第四部分是让孩子把照片贴在佳能影像交流卡片上，并写下对照片的描述以及

感想等。另外，佳能也会捐赠相机给学校，老师会定期搜集孩子优秀的作品用于影像交流。

在希望小学中，参加摄影课堂的孩子通过学习拍照，学会了观察周围的环境，关注身边的生活，也在摄影课堂中，老师在项目后续访谈中，提及参加摄影课堂的班级，写作水平有明显的提高。

影像交流：分享感动，建立友谊。

当中国希望小学完成摄影课堂后，佳能将作品寄往日本、新加坡等佳能公司负责影像交流项目的人员，由他们送往学校，请亚洲区小朋友进行评论，同时，也会在当地搜集小朋友的作品给到中国希望小学的小朋友写评论。中国小朋友可以通过照片了解异国的生活状况、学习情况甚至文化知识。

在佳能影像课堂中，佳能会通过视频、图片素材为孩子讲解交流对方国家的文化、讲解交流对方学校的学习状况与课余生活情况，通过直观的图片和浅显易懂的描述，从侧面让孩子了解异国的文化，理解差异和相同点。例如，新加坡的孩子在课外喜欢玩藤球，他们在藤球中学习团队合作，中国希望小学课外喜欢玩

足球，他们在足球中也学会了团队合作与公平竞争的精神。新加坡小朋友在周末会和家长去公园游玩，以增进家庭感情，中国小朋友会拍摄家人劳作的场景，表达对家人辛勤劳动的感动和自豪。因而，新加坡孩子在看到中国小朋友的照片中，也会进一步了解中国小朋友的生活，对照片评论中也体现出，他们了解中国文化中与新加坡有相同的一点：对家庭的纽带的重视。通过增加双方国家小朋友之前的理解，传递感动，从而建立友谊，在孩子心中种下一棵和平的种子。

同时，佳能也建立的线上交流平台，鼓励各国学生自己上传交流照片，分享快乐。除了佳能员工志愿者教授孩子们摄影技巧外，佳能（中国）还通过微博等渠道，在摄影爱好者中征集"影像辅导员"。他们将自己拍摄的照片用佳能打印机打印出来，制作成课件，通过图片生动地讲授地理、历史、自然、生物、天文等各个方面的知识，培养孩子们发现"爱"、"美"和"感动"的能力。

项目评估：

该项目的直接受益人是各参与佳能影像之桥的小学生，通过这个活动，各国、各地的孩子不但能把本地文化介绍到世界中，也可以了解世界各地小朋友的生活和地域文化。这种切身参与跨国沟通交流，对于孩子来说是难得的机会，所以，几乎在每个地方，孩子的积极性都极高。老师、家长、佳能经销商志愿者、留学生志愿者的评价都很高。

案例点评：

作为国际知名的影像品牌，佳能已走过了消费者对其品牌的认知阶段，如何进一步形成美誉度和忠诚度应是其思考的主要问题。而"佳能影像之桥——亚洲青少年影像文化交流项目"的设计首先比较准确地捕捉到了这一阶段诉求。

这一项目的成功可以总结为以下几点。

第一，项目创意与产品高度契合，形成了项目创意的独特性和排他性。影像之桥不仅是佳能产品给消费者的独特体验，而且也契合了影像可以打通语言隔膜的要点，这一点设计者非常聪明。

第二，形成了原有项目的延伸，是累加，而不是推倒重来。佳能在此项目之前，不仅在中国，而且在一些亚洲地区已经从事了一定的针对青少年的公益项目，可以在此基础上实现效果的巩固和提升。这对品牌的延续性非常重要。

　　第三，项目寓意深刻，不仅仅是社会责任，而对于修复国家形象也有重要意义。佳能作为一个日本品牌，由于历史原因，在亚洲地区具有一定特殊性，而这个项目能够针对于亚洲各国的青少年，放眼于未来是十分难得的。

　　第四，能够将一般意义的助学公益上升为培养孩子们发现"爱"、"美"和"感动"的能力。孩子们在拍摄过程中了解了文化，提升了自身，以此赋予了项目更深的内涵。

　　特别值得关注的是，这一项目还得到了来自品牌多方利益相关者的支持和认可，实现了多赢局面，也是非常不容易的。

点评专家：李志军

中央财经大学文化与传媒学院副院长

中央财经大学新传播研究中心联合主任

's Most Influential Public Relations Case Studies in 201:

Most Influential Public Relations Case Studies in 2013

China's Most Influential Public Relations Case Studies in 2013

's Most Influential Public Relations Case Studies in 201:

2013 最具公众影响力公关活动案例

"传奇·未来" 捷豹文化之旅
'Legend·Future' Jaguar Heritage Tour

执行时间： 2013 年 5 月至 9 月
企业名称： 捷豹路虎中国 Jaguar Land Rover China
品牌名称： 捷豹 Jaguar
获奖情况： 2013 最具公众影响力公关活动奖

项目背景：

　　捷豹文化之旅活动于 2013 年 5 月 23 日在北京世贸天阶盛大启动，历时 4 个月，走过北京、长沙、深圳、香港、广州、杭州、宁波、成都、西安、天津十座城市，参与活动包括影视明星林志颖、吉克隽逸、倪妮、著名芭蕾舞艺术家侯宏澜、奥运冠军庄泳、仲满等，吸引了超过 300 家来自全国各地的媒体，及 1500 位客户参与活动，公众不仅可以近距离欣赏到曾经称霸勒芒赛道的 C－TYPE，D－TYPE，及被誉为世界上最美跑车的 E－TYPE。更可以有幸目睹捷豹全新 F－TYPE 的惊艳亮相。这不仅是捷豹兑现对中国市场的承诺，更是对传奇的延续，F－TYPE 代表了未来跑车潮流的风向标。让捷豹这一拥有纯正英伦血统的汽车品牌，继续燃烧'无可复制的生命力'，同时也让更多的公众有机会了解并欣赏捷豹的品牌文化，感受到了"传奇"与"未来"的激情碰撞。

　　本次活动旨在扩大捷豹品牌在中国的影响力，让更多的公众了解捷豹的品牌文化；通过捷豹文化之旅与媒体建立良好关系，并持续积极的宣传效应；邀请全国的现有捷豹车主及潜在车主参加活动，维护客户关系并拓展新的客户资源，促进销量。

项目调研：

挖掘中国市场潜在客户的巨大潜力。

　　捷豹作为拥有纯正血统的英伦高端汽车品牌，最早扬名于勒芒赛道，以其悠久浓厚的跑车文化享誉世界。在中国市场的品牌影响力和号召力需要进一步提高，以品牌形象的推广及深入，从而继续挖掘中国市场的巨大潜力，吸引潜在消费者的目光。捷豹路虎中国在近些年来，已经凭借路虎品牌在中国市场取得了显著的成就，因此捷豹品牌的推广势在必行。

项目策划：

（1）目标：捷豹作为一个历史悠久且深入人心的英伦高端汽车品牌，不仅要将"传奇"继续抒写下去，还要越走越广，通过"传奇·未来"捷豹文化之旅活动，让更多的人了解并欣赏捷豹的品牌文化。

（2）目标公众：媒体、捷豹车主、潜在客户、汽车爱好者、普通公众等。

（3）传播策略（包括媒介选择）：在全国范围内选取十个主要城市，结合当地具体市场情况，策划每一站适合当地的活动形式，与当地捷豹经销商合作，邀请当地媒体及车主、潜在客户参与活动，活动地点选择在城市最繁华的顶级商业区，并且在周末进行活动，吸引大量公众的关注，尤其是高端消费者的目光。捷豹以其悠久浓厚的跑车文化著称，故以"文化"为切入点，宣传品牌形象，从广度和深度全方位持续造势，以最大限度扩大宣传效应及影响力。

项目执行：

2013 年 5 月 23 日，"传奇·未来"捷豹文化之旅启动仪式在北京世贸天阶盛大启动。影视明星林志颖、吉克隽逸、奥运冠军庄泳、仲满等参加了启动仪式，来自全国的媒体和客户也同期参与了活动。

之后的所有站当中，广州和杭州作为重点城市分别在广州塔广场及杭州大剧院举行大型活动。香港站活动更是吸引了大量海外媒体及消费者的目光。

　　捷豹文化之旅展厅对公众开放参观，让中国消费者能够零距离接触依然熠熠生辉的 C – TYPE，D – TYPE 及被誉为世界最美跑车的 E – TYPE，感受捷豹的品牌魅力。在车主巡游活动中，每位受邀车主能够邀请一位朋友一起参加，巡游车队经过了城市地标性建筑，所到之处无不引起路人驻足观赏拍照。

项目评估：

　　"传奇·未来"捷豹文化之旅活动历时 4 个月，走过北京、长沙、深圳、香港、广州、杭州、宁波、成都、西安，并最终在天津完美收官。

　　整体活动吸引了超过 300 家来自全国各地的媒体，及 1500 位客户参与活动，数以万计的公众了解认识捷豹品牌，仅在活动现场销售车辆超过 40 辆。

　　所到城市均在当地引起巨大反响，媒体报道覆盖全城，当地重要客户均受邀参与活动，对维持现有客户群体起到积极作用，活动均在城市的高端商业区举行，瞄准高端消费群体的购买能力，充分挖掘潜在客户。其主打车型 ——全新捷豹 F – TYPE 成为当之无愧的主角，受到市场极大关注，销量十分理想。

　　通过"传奇·未来"捷豹文化之旅，捷豹在中国市场的品牌影响力和号召力得到进一步提升和扩大。

案例点评：

　　各种豪华汽车伴随中国经济的高速发展进入中国市场多年，竞争态势明显。但豪华汽车品牌的传播模式往往千篇一律，对品牌感性要素的追求比较单一，多定位于"卓越"、"领先"等性能方面。由于缺乏差异性，消费者对豪华汽车品牌特征印象模糊。

捷豹路虎中国通过策划"传奇·未来——捷豹文化之旅"大型活动，将这一著名豪华汽车品牌的过去和未来连接在一起，成为本案例的策划亮点之一，同时也留给消费者一个清晰的品牌印象。

捷豹的过去有着各种传奇故事，需要通过大型活动向消费者一一讲述，于是历时4个月的文化之旅活动自2013年5月23日在北京世贸天阶盛大开启。活动走过十座城市，一路走一路讲，一路传播品牌，一路展示形象。

作为大型活动，充分并成功发掘了明星的效应，调动舆论情绪；同时，很好地利用了各种新闻由头，调动了媒体的积极参与。通过林志颖、吉克隽逸、倪妮，以及著名芭蕾舞艺术家侯宏澜和奥运冠军庄泳、仲满等人的加入，以及300多家来自全国各地的媒体，活动的影响力和品牌的传播效应迅速扩大。

另外，作为汽车品牌的推广和传播，自驾或试驾是拉近与潜在客户距离、展示品牌特征的重要方式。本次活动总共邀请了1500位客户参与活动，消费者不仅可以近距离欣赏被誉为"世界上最美跑车"的E-TYPE，更可以有幸目睹捷豹全新F-TYPE的惊艳亮相。这实际上也是向消费者展示捷豹汽车的未来。

活动成功与否，效果评估极为重要。本次活动最成功的一点，是让数以万计的公众了解和认识捷豹这一豪华品牌的真实内涵，当然活动带来的销售业绩也很可观，仅在活动现场销售车辆就超过40辆。另外，活动所到城市，均邀请当地重要客户参加，对维持现有客户群体起到积极作用。同时活动均安排在城市高端商业区举行，反响巨大，充分挖掘了潜在客户。

从活动总的效果看，主办方实现了品牌传播目标，可谓是一个成功的传播案例。如能在策划阶段找到更加贴近汽车品牌的明星，效果会更佳；另外，在项目评估方面，如能对媒体报道，尤其是新媒体互动等方面更加细化，则案例更完美。

点评专家：徐润东
中国国际公共关系协会副秘书长
《国际公关》杂志执行主编

"艾在地下铁" 六神艾叶系列产品线下活动

执行时间： 2013 年 6 月 11 日至 12 日

企业名称： 上海家化销售有限公司

品牌名称： 六神

获奖情况： 2013 最具公众影响力公关活动奖

项目背景：

2013 年端午期间，一节车顶被艾叶包裹、地面被民俗插画包装的"限量版车厢"，惊现上海地铁，惊艳大中华，引发了诸多网友及媒体的热议。这趟"端午民俗文化专列"，由根植于中医中草药文化的上海家化"六神"品牌发起、由上海地铁共同打造，同时在上海静安寺、南京西路两大人流汇集地铁站组织端午民俗互动活动，以"艾在地下铁"为主题倡导现代都市人珍视、传承中国传统文化。

上海家化是中国规模最大的民族日用化妆品企业。六神作为其驰名商标，研发提取艾叶精油打造艾叶系列产品，具有除菌健肤的效果，可抗衡传统化学除菌。此产品系列推出市场已两年有余，但反响一般，很难与舒肤佳这样的巨头竞争。因此，六神希望制造一个创意事件，提升六神艾叶品牌的知名度，并将公众对艾叶杀菌防疫的认知与六神艾叶洗护产品紧密关联。

项目调研：

1. 我们的创意出发点

面临市场巨头的已有优势，让公众再接受一款新品的成本将会变得很高。我们的项目，若要从众多线下活动中脱颖而出，就必须有足够吸引人创意、足够吸引媒体的话题。而基于艾叶在中国传统民俗文化中已有的认知，将艾叶产品与端午节紧密相连显然是一个较佳选择。

但传统艾叶的呈现方式显然不能吸引公众，必须用更现代、更创新，甚至更艺术的方式进行诠释。同时，只有激发公众的关注和兴趣，吸引他们在社交媒体进行主动传播，才有可能达成我们的目标。因此，为艾叶的诠释寻找一个能与传统元素形成强烈反差，并能创造一种独特心灵体验的特殊舞台，将是成功的关键。从这个角度出发，我们得出以下思考：

（1）寻找一个独特舞台：地铁，一个特殊的空间，可以承载各种创意，亦是城市亚文化的表征；而对于客户来说，地铁充沛的人流，更是一笔不菲的商业价值；

（2）打造一种别样体验：在有限、拥挤的车厢内，首次将传统元素——艾叶及其被悬挂在门上以祛病除疫的习俗，用现代装饰艺术重新包装，进行创新演绎；

（3）重构失落的传统文化：已被淡忘的民俗文化元素，经过现代的、创意的新鲜方式呈现，更容易被现代人接受，号召公众珍视、继承优秀传统文化。

在中国市场，舒肤佳因一直坚持有效抗菌的定位宣传而深入人心。六神艾叶新品要想在短期撼动舒肤佳地位不可想象。此外，艾叶在当代中国人眼中渐渐陌生，仅停留在传统端午节——被上了年纪的主妇用于装饰大门防虫驱疫的习俗上。所以，公众对于艾叶杀菌有习俗上天然的观念，但具体认知模糊。

其次，中国地铁管理较为严格，并不像国外地铁环境那般宽松。如何说服上海地铁接受"首创"，是我们面临的最大难题。经过审慎思考，我们从号召公众珍视传统的公益角度、打造上海城市名片的文化角度，成功让上海地铁接受本次全国首创的"big idea"。

项目策划：

1. 我们的目标：利用端午期间艾叶的高关注度以及公众对艾叶的既有认知，以现代创新与传统文化相结合的线下活动，将六神与艾叶紧密关联，快速打响六神艾叶系列的知名度。

2. 我们的策略：

（1）高举文化大旗，线上线下整合：端午节是有着丰富内涵的传统佳节，以艾叶为主角并融入诸多端午传统民俗，创造整个事件的文化氛围，冲淡商业气息，更容易赢得消费者好感；通过线上《中国智慧中国艾》的先行发布，再于端午假期推出"艾在地下铁"线下活动，形成线上线下资源互补，掀起产品宣传季的高潮。

（2）敢于创新，勇于实践：制造一场话题性十足的社会大事件，包装地铁车厢、绿植艾叶首次进入地铁并正常运营，并以中西方、传统与现代的矛盾冲突，吸引媒体、自媒体的广泛关注。

（3）立足创意，丰满活动：除了最具爆点的艾叶车厢外，我们还在 3 个站台安排了发车仪式、端午民俗介绍及互动，点线面全面铺开保证活动的完整性。

（4）系统策划，保证传播：我们全程策划了完整的传播策略和计划，最大程度达到预设的营销公关目标。活动前期，我们利用自媒体进行了悬疑预告，吸引公众关注与猜测；活动期间，邀请媒体现场出席，第一时间获得大量来自平面、影视及网络的相关报道；同时亦配合创意视觉效果引发大量自媒体传播，短时间迅速形成传播高潮；活动后期，我们立足文化创新和企业品牌创新的深度传播，有效提升企业品牌形象及上海城市形象。

（5）利用"social media"的传播：此次活动的创意性、公益性，足够成为社会热点，吸引传统媒体的关注；更希望利用活动本身，在未有投入的"social media"引发广泛的自发传播。

项目执行：

1. 实施细节：2013 年 6 月 11 日至 12
日，六神"艾在地下铁"活动在上海 2 号
线正式推出。其中，我们以"端午插艾"
为核心理念，用艾叶等绿植精心装点车厢，
融入展现端午习俗文化的古风插画，让乘
坐地铁的乘客"不期而遇"。车顶，悬满
了端午节家喻户晓的艾叶；地板、把手上，
被遗忘在角落的传统习俗被生动展示；车厢里，身着"艾在地下铁"主题衫的工作人员征集乘客签名以号召珍视传统文化，并通过互动向乘客赠予五彩缕、香囊、红蛋兜等端午特色物件。6 月 11 日发车仪式后，该列车正式发出，环线运营一天。

6 月 11 日至 12 日，我们还在 2 号线静安寺站、南京西路站设置了端午文化展示角，以点雄黄、猜民俗等互动，让更多往来的乘客感受、体验到传统端午文化和历史风俗。

2. 项目进度与管理：由于项目涉及上海地铁这一特殊主体，整个推进过程显得十分缓慢。最后，活动筹备期只有短短 2 个星期。但在统筹安排、合理布局以及争取到的地铁方的最大配合下，活动得以顺利举行。

（1）立足传统文化，获得上海地铁支持。由于中国的地铁管理机构，不容许商业性质的活动进入车厢，因此我们以珍视传统文化为切入点，成功让其接受我们的创意。我们同步规划了在人流密集的多个车站举行各种端午民俗互动，公众通过互动收获了艾叶系列小礼品，制造了浓浓的节日氛围。

（2）制定整合周密的传播规划，确保活动引发广泛关注。活动前期通过社交媒体进行悬疑预告，吸引公众猜测与议论；活动日邀请媒体现场出席，第一时间获得大量来自平面、影视及网络的相关报道；活动后期，从文化和品牌创新角度，持续吸引平面媒体进行深度解读。

（3）重视社交媒体，促进公众自发传播和讨论。借助活动本身的创意创新，我们联合上海地铁社交媒体账号，邀请了网络 KOL，从前期制造悬念、到现场直播发布和点评，激发了公众在网络上的大量转发和好评。

项目评估：

（1）"艾叶地铁"引发了社会热议，获得了公众、媒体的广泛好评，甚至引起上海政府的关注，且获得了认同与表扬。

（2）车厢以及站厅活动有序进行，吸引了数万人的关注与参与，品牌曝光量得到了保证，将六神品牌与艾叶取得了高度关联。

（3）为客户品牌赢得超预期的媒体曝光量。媒体印象值达到 8.09 亿，创造了客户投入 12 倍的广告价值当量。其中，媒体报道 300 余篇，多为主动发布，《人民日报》亦主动报道了该事件；在没有预算支持的社交媒体（微博、BBS）中，转发和评论超过 12000 次，众多媒体微博、大号 KOL 及政府官微都主动报道了相关信息；同时，活动创意还吸引了在华外国人，主动拍成视频并上传 youtube；而线上微视频也创下了 700 多万次的点击量。

（4）销售额在活动阶段增长明显，上半年销售额同比增幅超 100%，市场增长率排名行业前列。

（5）艾叶地铁让上海再次成为全国焦点，北京、广州等地媒体及群众纷纷主动报道并赞扬，活动成为了上海的一张文化名片，再次展现了海纳百川，兼收并蓄的城市精神和文化个性。

案例点评：

公共关系不是营销的附庸。但公共关系可以也应该对企业的营销进行支持，这是毋庸置疑的。这一案例，就是一个比较成功的营销公共关系活动案例。

从案例报告来看，这一活动的成功，首先取决于别出心裁的创意。确实，近年来，企业的各种活动实在太多，都想抓取公众的眼球，致使许多公众难免感觉审美疲劳。在这种情况下，要策划出一个与众不同的公共关系专题活动，并不是一项容易的工作。

六神打的是文化牌。他们借助端午这一传统节日的时间节点，打出了弘扬中华传统文化的的旗号，巧妙地把品牌特征与许多公众按习俗要在端午这天悬挂的艾叶契合在一起，这就先赋予了品牌以浓重的文化气息，既高雅脱俗，又平易亲和，容易引起公众的心理共鸣。但这还不够，作为一项公共关系专题活动，还有一个舞台（地点）的选择问题。而"艾在地下铁"这一活动的一大亮点正在于活动主办方把活动地点精心安排了在近年来上海市民出行首选的交通工具——地铁，让传统和现代交织，令艾草与钢铁相衬，产生了奇特的视觉冲击效果。这样的创意，确实值得击节称赞。

但对一项公共关系专题活动来说，光有好的创意，充其量也只是成功了一半，关键还得看活动组织者的执行力。没有执行力，再好的创意也只是画饼。比如，就"艾在地下铁"这一活动来说，怎么说服地铁主管部门同意企业在地铁车站和车厢里举办活动，就不是一件容易的事情。而在人流如织的地铁车站和车厢里组织相关活动，如何既营造热闹的氛围，又保证安全和有序，也需要周全地安排和落实好每一个细节。内中甘苦，凡有过从业经历的人士都不难体味。可贵的是，这一活动的组织者克服了种种困难，保证了活动的成功。这就很值得赞赏和褒奖。

最后应该肯定的是这一活动的传播。但既然有了好的创意、好的话题和强有力的现场执行，对专业公共关系团队来说，有效的传播已不是一项太困难的工作。赢得一些主流媒体的关注并主动报道，也不是太意外的事情。当然，媒介的联络，稿件的组织，同样需要很强的运作能力。对此，容易明白，不再赘述。

如果要说这一活动有什么美中不足的话，则是从案例报告来看，活动似乎在短期的营销效果上关注得多了一些，文化牌有仅仅沦为一张"牌"之虞。如果在弘扬传统文化方面做得更好一点，也许对企业和品牌的长远形象建设更为有利。

点评专家：叶茂康

国家职业资格工作委员会公共关系专业委员会委员

中国国际公共关系协会理事，学术工作委员会委员

上海市公共关系协会学术委员会委员

上海外国语大学公共关系研究院顾问教授

上海师范大学 原公共关系学系主任

艾美特 "发电擂台赛"

执行时间： 2012 年至 2013 年
企业名称： 艾美特电器（深圳）有限公司
品牌名称： 艾美特
获奖情况： 2013 最具公众影响力公关活动奖

项目背景：

2012 年至 2013 年，艾美特连续两年举办 "发电擂台赛" 系列活动，以骑车发电推广 DC III 直流风扇的低碳节能优势，并邀请特色骑行爱好者到西藏和台湾宣传环保。

在中国，环境污染成为消费者越来越关心的问题。对他们而言，绿色环保的品牌和产品无疑会更吸引。然而，艾美特节能低碳的产品未能在市场上引起消费者的关注。艾美特面临的问题有：品牌知名度低；品牌形象模糊；与消费者接触渠道少；环保节能产品未被正确认识等。

项目调研：

通过调查媒体、零售商和艾美特的目标顾客——年龄介于 25 至 40 岁，生活在中国的主要城市，有着高生活标准的健康男女，发现他们对该品牌有较低的辨识度，却始终认为 "节能环保" 产品将成为艾美特的最大优势。

从市场调查中得到的数据可发现，艾美特的 "节能环保" 特质为产品的最大优势。调查显示，只有61%的受访者完全认识这个品牌，但是有50%的顾客愿意花更多钱购买具有"节能"性能的产品。没有人能够说出艾美特品牌的产品特性，却有被访者能够说出其竞争品牌的相关信息。几乎所有的认识艾美特的受访者，都更愿意将"节能环保"作为艾美特品牌的最大优势。因此，艾美特重新树立并向更广泛的消费者倡导"节能环保"的形象。

在当前的市场环境下，大众对生活要求提高，消费者接受创新设计，环保和节电意识加强，风扇需求随升温而提高，外观、功能需求更多，这些都成为艾美特的市场机会。

项目策划：

（1）目标：提升艾美特品牌知名度，树立正面品牌形象，提高产品销量，提升艾美特品牌价值，提高大众的环保意识。

（2）策略：在环保绿色，健康生活，挑战自我的社会趋势中，艾美特把握机会，2012年至2013年，艾美特举办"发电擂台赛"系列活动，通过骑行发电比赛来推广DC Ⅲ直流风扇和品牌本身的"节能环保"优势。

（3）目标公众：作为艾美特主推新品，艾美特"风神省电王"DC Ⅲ直流风扇的目标消费群体是25~40岁、生活在中国主要城市，并拥有高生活标准的消费者。此类群体更偏向关注环保议题，年轻并热爱运动。

（4）主要信息：低碳出行、节能减排是当今社会发展的必然趋势，艾美特以新颖形式激发人们参与环保的热情，举办"发电擂台赛"系列活动，践行低碳环保的理念，让更多消费者参与到骑车发电活动中来，切身体会发电的不易，突显骑车发电的环保意义，通过骑行发电比赛来推广DC Ⅲ直流风扇和品牌本身的"节能环保"优势，提高大众环保意识。

（5）传播策略："发电擂台赛"在线上选择"进藏勇士"、"台湾绿骑士"进行微博行程直播、艾美特官方微博传播、磨房论坛、户外爱好者论坛、骑行论坛以及微博热门账号互相配合进行传播，线下选择报纸、杂志等媒体进行传播，线上线下互相配合传播。

（6）媒介选择：传统媒体与新媒体相互结合，涵盖大众类、生活类、时尚类、家电类等报纸与杂志，以及微博、视频网站等社交网站，对"发电擂台赛"进行报道。

项目执行：

1. 北上广"发电擂台赛"及进藏骑行

2012年3月1日至4月20日，艾美特利用国内知名户外论坛，与国内"磨房网"合作，征集"发电擂台赛"参赛者。

广州（广百新一城外广场，4月21日）、上海（大悦城一楼中庭，5月19日）、北京（万达广场外广场，5月26日）三城市各10名参赛者在特制的健身自行车上骑行发电量，在3小时内发电量最多的前3名获胜者，分别获得艾美特提供的进藏骑行基金。

各地活动结束后，获胜者随即陆续开始了他们的西藏骑行之旅，继续以微博的方式分享他们的西藏骑行和宣传环保的故事。

2012年5月～12月，获胜者在西藏骑行期间，微博持续深度传播"发电擂台赛"活动，以"进藏勇士"的行程直播、艾美特官方微博的传播、磨房网微博以及微博热门账号的传播相互配合的方式，再次将活动效果推向高潮。

2. "发电擂台赛"网上游戏

2013年4月26日至5月26日，"发电擂台赛"以APP游戏的形式进行，网上游戏同时作为征集"绿骑士"环保骑行者的平台。"发电擂台赛"游戏产生的发电量，将换算成可使艾美特"52天1度电"的DCIII直流风扇运转的时长。

活动期间，网友登录新浪微博@艾美特官方微博 即能参与"发电擂台赛"点击鼠标疯狂发电，利用发电量虚拟骑行饱览台湾风光；游戏结束后，可将赛果分享至社交平台，邀请好友来挑战较量，加入游戏发电大比拼，赢取"绿骑士"称号和丰厚奖品，更有机会参与台湾骑行宣传环保。

3. 16城市"发电擂台赛"商场促销

2013年5月至7月在华东地区、华中地区、华北地区、华南地区及华西地区等16个城市举办"我是发电王，骑车发电赢折扣"活动。

只要消费者到活动现场报名，连续骑行健身车，现场即会根据健身车所显示的总热量计算转换得到发电量，并换算出购买风扇时可以享受的折扣。让消费者在锻炼身体的同时，还可享受优惠。

4. "绿骑士"台湾环保骑行

2013年4月26日至5月26日，通过艾美特官方微博和全国各地骑行论坛的征集，艾美特"绿骑士"台湾环保骑行活动吸引了众多骑行爱好者的报名。

广州的"齐天下"车队、北京的"天坛"车队和上海的"傲道先锋"车队最终获得"绿骑士"台湾骑行的资格。2013 年 6 月至 7 月，三支艾美特"绿骑士"车队使用艾美特提供逾 10 万元的骑行基金，赴台湾践行环保梦想，在微博上进行骑行直播，收集当地的环保概念及举措，最后回到大陆进行传播。

艾美特还将把"绿骑士"环保成果制作成视频，在新浪微博@艾美特官方微博 和网络上广泛传播。

项目评估：

2012 年至 2013 年，艾美特"发电擂台赛"系列活动在线上和线下都获得了此前从未得到过的关注，在提升品牌认知度和产品销量方面做出贡献，也用全新的方式引起社会对环保问题的关注，正面地传播了环保举措，提高了大众的环保意识。

2012 年北上广三地"发电擂台赛"现场活动在各城市热闹的商业圈举行以吸引更多媒体和旁观者的关注。2013 年 4 月 26 日至 5 月 26 日，为期一个月的"发电擂台赛"共吸引 325880 人次访问"发电擂台赛"网上游戏，参与人数高达 22523 人。2013 年 5 月至 7 月，在华东地区（青岛、常州、杭州、苏州、厦门）、华中地区（郑州、武汉、长沙）、华北地区（长春、石家庄、天津）、华南地区（佛山、深圳、东莞）及华西地区（成都、重庆）等 16 个城市的"我是发电王，骑车发电赢折扣"现场促销活动中，消费者积极参与到骑车发电活动，切身体会发电的不易。2013 年 6 月至 7 月，"绿骑士"车队台湾骑行活动也推动了巨大的环保效应，"绿骑士"环保成果视频更在新浪微博@艾美特官方微博 和网络上广泛传播，获得点击量 55406 次。

在无广告投入和其他营销投入的情况下，2012 年相比 2011 年，原有型号的艾美特 DC III 直流风扇的获得近 4 倍销量增长，而全系列产品更获得约 13 倍收益增长；2013 年相比 2012 年，艾美特 DC III 直流风扇获得近 1.5 倍销量增长，也获得约 1.5 倍收益增长。消费者对艾美特产品的需求大大提高，这是"发电擂台赛"对艾美特品牌价值提升成果的突出表现。

艾美特提倡低碳节能的生活方式和环保主张，活动使艾美特品牌在众多品牌中脱颖而出。2012 年至 2013 年，艾美特"发电擂台赛"活动共获得超过 500 篇报道，广告价值高达 16713106 元人民币。

"作为一个小型家电品牌，我们用于广告投入和公关活动的费用是相对有限的。本次'发电擂台赛'所产生的所有费用都出自公关，但效果确十分显著，甚至比我们以往推广活动的效果都要好。这次的活动不但具有十足的创意性，同时也能准确传递我们的品牌和产品价值。并且，本次活动真正能够帮助这些环保有志之士实现他们的梦想，也与艾美特一直坚持的管理哲学相一致。"

——艾美特电器（深圳）有限公司副董事长 蔡正富

"本次活动的创意超乎想象。它以全新的方式清晰传递了艾美特 DC III 直流风扇节能环保的产品特征。中国各地市场的销售人员都相信本次活动对于这款产品的销售将具有十分显著的积极作用。在活动之后，我们的销售人员也发现，越来越多的客人是通过关注了本次活动从而了解 DC III 直流风扇这款产品并前来咨询和购买，这也足以说明活动的作用力。我们的品牌印象也从而得到了极佳的提升效果。"

——艾美特电器（深圳）有限公司副总经理 丁和华

亲历者说：丁肖霞　万博宣伟客户总监

我们当初策划这个项目，本意是通过"发电擂台赛"活动来吸引更多的人关注省电，关心生活的环境，当然也是关注到艾美特产品省电的特点。但是，在艾美特发电擂台赛上，我们看到的更多是一群为圆梦想而拼命的人，一份被现实社会遗忘已久的、纯真而原始的追梦精神，这让我们为之惊叹。

在广州站活动上，获得冠军的大学生选手彭振享连续 3 小时坚持骑行后，体力完全透支，双脚抽筋，扑倒在地，围观的观众纷纷走上前慰问，为他打气加油。当他走上颁奖台时，双脚还没恢复，还是一瘸一拐地颤抖着，这份拼搏的精神感动着每一位工作人员，引来掌声不断。

意外的是，广州站和北京站分别都有一位年过六旬的老爷爷参与，拿下不错的成绩，比年轻人更充满热情能量！这两位老当益壮、身材健硕的老人家——广州的梁锦松和欧阳儒华都是当地骑车界的有影响力的知名人物，退休后常年坚持运动，让我们不得不赞叹他们对生命的热爱。甚至，广州站与上海站都有一位女生参与，尽管她们明明知道这注定是一场"不公平"的比赛，还是要来为宣传环保出一分力，不懈的精神丝毫不输所有男参赛者。

一个个富有特色的参赛者感动了品牌方，每次活动均破例临场增设"特别奖"，颁发给这些老当益壮、巾帼不让须眉的环保倡导者，以表鼓励。媒体报道也罕见的将活动刊登在社区版、新闻版等社会版面，并深入介绍每位参与者的积极进取的故事。

在申报案例的时候，公司内部每位同事，乃至远在海外的亚太地区相关负责同事，也被该活动的诚意和内涵意义深深感动。尽管他们没有参与到现场活动，也被活动照片、视频记录等资料所打动，不断热情地帮忙与配合奖项的申报。

以上种种，都促成了"发电擂台赛"的成功，其根源来自活动本身环保意义的巨大推动力。这个原为宣传品牌的商业活动，却让我们看到各式各样拼搏的人，散发着正能量。有多少人还能像他们那么坚持？有多少人还没有放弃最初的梦想，一直在路上？这让我们进一步坚定，必须继续举办更多如此有意义的活动，给社会带来更多正面的影响。

案例点评：

这个案例充分的利用了公关活动和整合营销活动相结合。这样的方式，保证了企业所开展的活动能够及时通过营销结果得到反馈。

活动像一个经营完善的企业，需要一个好的活动理念来贯彻始终，对于艾美特公司来说，企业希望通过低碳节能环保的生活概念去策划各类活动。

从提倡理念提高企业知名度，在将这种模糊的概念转到产品身上从而带动消费。将公关活动结合体验营销的方式，将品牌认知持续升温。从活动来看，从骑行活动汇集了两岸的骑行爱好者并再带动其周围的亲朋好友；宣传方式来看从传统媒体到现在流行的新媒体到 APP 的推出，再到商场的点对点促销活动。这一系列的活动很好的起到了目标受众最大化，形成受众对品牌的认知，强化品牌认知，吸引他们对品牌乃至产品的感兴趣，以及最后将这种兴趣转化成购买的行为的作用。这是一个具体完善且可行性十分高的公关活动案例。

点评专家：范红
清华大学公共关系与战略传播研究所所长教授、博导

第十二届世界华商大会

执行时间：2013 年 9 月 24 日至 26 日
企业名称：成都市人民政府
获奖情况：2013 最具公众影响力公共关系案例评选入围案例

项目背景：

世界华商大会（Word Chinese Entrepreneurs Convention，即 WCEC）由新加坡中华总商会、香港中华总商会和泰国中华总商会参与酝酿，于 1991 年首先发起倡议，以"在商言商、弘扬中华民族文化"为宗旨，每两年举办一次，是全球最具规模和代表性的华人商界盛会。

经国务院批准同意，由中国侨商投资企业协会主办，四川省成都市承办的第十二届世界华商大会于 2013 年 9 月 24 日至 26 日在中国四川省成都市举办。国务院侨办、四川省委省政府、成都市委市政府对办好本次大会高度重视，这是成都改革开放以来具有里程碑意义的标志性会议，对引导世界华商了解和投资中国西部，全面提升成都的国际影响力与城市知名度具有重大深远的意义。

成都是中国城址未变、延续至今最古老的城市之一，这份坚守可堪象征亘古流传的华人风骨。成都以天府之物泽与人情而名扬天下，这片经济繁荣与精神富饶之地承载着千年的文化底蕴激流勇进。世界华商大会行至西部引擎城市成都，这是升级世界经济的新号角。聚拢华商、繁荣产业经济；提升形象、推广城市品牌；情感公关、实现共业理想！

项目调研：

世界华商大会自 20 世纪末期开始，跨越世纪。华人已几乎遍布世界的各个角落，从小规模商业实体到全球商业王国，华人企业家的实干与力量享誉全球。语言共通而心系家国天下，智慧聚合而衍生无穷商机。以相同的血脉之根传承渊源流长的华夏文明，以博大的商业视野发扬精诚勤恳的中华精神。"中国发展、华商机遇。"同心、同德、同志、同向，世界华商大会是加强经济合作、促进相互了解的盛会，其所带来的潜能是无限的，终将建立一个可行的经济合作网络。

从秦汉时代开通丝绸之路始，中国人即因商贸往来而留居他乡。时至今日，历尽2000年，华人遍及世界，华侨与华商为世界经济的发展、中国经济的腾飞做出巨大贡献！华商以勤劳勇敢而著称，靠双手包打天下，才缔造出今日华商世界的辉煌！第十二届世界华商大会将赋予世界华商明确的身份认同感"世界华商，共襄盛举"、浓烈的精神归属感"炎黄子孙，情浓于血"、亲切的友人欢聚感"故人相见，乐不思蜀"和强大的华人向心力"齐心协力，把握机遇"。全世界3000华商共聚蓉城，是融聚情感、是汇聚力量、是积聚希望！

项目策划：

第十二届世界华商大会策划与创意遵循体现"成都特点、中国气派、国际表达"的原则，达成了高端、大气、整合、优美、高质、安全的现场效果。充分考量成都世纪城新会展中心原有的空间格局与现有条件，选定1号馆为主场馆、2～4号馆为功能馆、5～9号馆为辅助馆，并利用1～3号

馆原有的立柱连接而成序厅，既打造出符合国际大会规格的宽敞通道、又为展示四川及成都形象留出空间。在场馆的墙体外侧铺设巨幅画面，达成视觉吸引力、展示主形象作用的同时，起到遮光效果。

主视觉采用主要元素加辅助元素的策划思路，以三千年古蜀遗迹"太阳神鸟"为第一主要元素，以历史悠久的中国蜀绣"芙蓉锦鲤"为第二主要元素，以蜀锦"喜相逢"、子母熊猫、翠竹、盖碗为辅助元素，以国际大会通行的商务蓝为主色调，辅之以大方沉稳的白色和灰色，并配以中国红点缀。

注重发挥世纪城星光大道的导入功能与形象功能，充分使用两侧灯箱、传播大会主视觉。周全、综合考虑入住洲际酒店与两个假日酒店的嘉宾与媒体的步行需求、分散在城市中央区入住的嘉宾搭乘大巴车的需求，并且满足高规格警卫安保的需求，将落客区分为首长通道、步行通道与乘车通道，从而确保抵达与离开

的秩序和安全。

开幕式与主论坛遵循国际会议、政府会议庄重、大方、整齐、典雅的风格，主舞台采用巨幅三联屏幕、三面环绕台阶。充分考虑场馆空旷巨大、声音回响严重等自身缺陷，采取两侧、双层、四个落地腰幕设计，高清、高真视频音频播放设备并形成环绕立体声结构。布置国际专业级灯光设备，满足大会不同环节的照明与装饰需要。严格安排、部署首长最佳进出路线。采取剧院式布局，划分VVIP、VIP、与会嘉宾三级坐席，确保来宾秩序出入。以商务蓝为主色调，两边侧屏与中央主屏形成统一、呼应的长幅画面，以成都市标志元素"太阳神鸟"和代表元素"芙蓉锦鲤"为装饰，中屏保持主形象不变，侧屏实时呈现现场画面。同时在主场馆中后部悬挂极具中国风格的印有"太阳神鸟"的灯笼组合，形成世界华商相融共聚的情感氛围。

闭幕式以中国红为主色调，保持大会的空间布局不变，为演出增加、增强灯光、视频与音频效果，布置VVIP长桌式晚宴以体现国际大会的规格，遵循传统中式晚宴风格、采取红白相间的10人嘉宾宴会座席。点亮红灯笼、侧屏加入熊猫元素，在灯光中调入红、蓝、绿、紫等多彩颜色，为不同演出环节适量调节音响设备以达成舒畅的听觉效果。在会旗交接仪式中，给下届承办地印度尼西亚雅加达留出充分的展示空间，策划印尼代表团全体成员近120人上台见证，成为本届大会最动情时刻。完美衔接西乐团与民乐团演奏，并配以宏伟、精美的视频画面。统筹安排印尼团演出与成都市的闭幕晚宴伴餐演出，使印尼歌舞与川剧变脸、熊猫杂技和谐共生，印尼歌手一曲高亢的"青藏高原"响彻主会场，华丽的川剧变脸、惊艳的水袖表演将演出推向高潮。

此外，开闭幕式与主论坛均设置媒体专用的摄影摄像区与坐席区，充分考虑到区域安排的合理性、最佳视角、摄录清晰度、出入便捷、易于集中等因素。在主会场外还设有同期导播的新闻中心并安排记者专用酒店。由此确保媒体报道通畅实时、记者行程礼遇舒心。

项目执行：

第十二届世界华商大会以规格之高、范围之大、影响之广堪称是继北京奥运会、上海世博会之后影响中国、影响世界的城市营销大事件。从策划顾问管理服务到主视觉创意设计服务、再到大会主体管理服务以及增值活动策划服

务，第十二届世界华商大会整体项目运营历时十个月。

经多方调研、印证、甄选后，确定将会址选在中国成都世纪城综合区内，世纪城位置优越，集9个展馆、数十个会议厅、国际五星级与四星级酒店、餐饮娱乐于一体，是满足大会综合需求的最佳场所。但在体量巨大、墙体裸露、地面粗糙的展馆举办世界级会议始无前例。基于解决透光、吸音、安全等一系列问题，项目组不断考察现场、多次测量和测试场地，确保场馆满足国际性会议需求。

大会安全保障，是会务组织实施重点环节，针对会议代表规模大、层次高、活动涉及场馆点多面广、日程活动多样紧凑、时间节点流程严密等特点，制定了周密详细的组织实施方案，确保各个环节的无缝对接与高效沟通，有效保障了各项活动的顺利开展。

主会场占用世纪城公共区域、馆前区域、4个展馆共计近达10万平米，在主会场内历时2天须完成2次安检、开幕式与主论坛、1次自助午餐、万余平米政府及商业展览展示、闭幕式与闭幕晚宴及演出等多个重大事项，包含门头、通道、墙体、地毯、舞台、屏幕、声光音电、桌椅排位以及鲜花绿植、桌签座签的搭建、调试与运营等体量巨大、数量众多的准备工作，在工期、材质、工艺、消防、安监、警卫等方面有严格标准，要求服务方必须具备高超的统筹协调与即时应变能力，项目组夜以继日的修改图纸、检验材料、核准数量、检查质量、审核内容，以极高的专业水准、极优的职业素养和极佳的服务态度确保了大会的顺利召开并赢得了政府领导的当场赞誉。

开幕式与闭幕式相隔不到两天，在同一会场举办，并且在风格、内容与流程上不尽相同，以巨幅LED屏幕做为主舞台背景画面及大会内容展示介质是经过推敲后确定的唯一最佳方式，数以百计的块状电子屏整体、无缝拼接，并承载实时同传呈现国家领导人致辞演讲画面、展示政府形象宣传片、赞助商广告与文艺演出等功用，万分之一黑屏的几率都是不可补救的败笔，项目组在无数次的调试与验证后交出的是最满意的答卷，全程没有点滴漏洞。大会前的彩排工作也是重中之重，项目组在十余次的演练与调整中，实现了流畅的环节衔接、精准的走位路线、准确的主持串词、实时的屏幕呈现、适合的音响与光线配合，由此大会现场万无一失。

项目评估：

2013年9月，新加坡、台北、香港三大国际机场张贴出第十二届世界华商大会巨幅灯箱公益广告，成都双流机场高速公路与天府大道、世纪城周边等城市主干道飘扬、辉映着大会的道旗与灯箱，3000年古蜀标志"太阳神鸟"图案与中国蜀绣"芙蓉锦鲤"图案诉说着中国成都这座名城传统与现代的完美对话。全城沸腾，以响彻世界的中国西部崛起之声迎接遍及全世界3000名华商的到来。

9月24日至26日，第十二届世界华商大会在中国四川成都世纪城新会展中心与世纪城国际会议中心隆重召开，三天时间里，举办了"华缘林"植树活动、开幕式与中国经济论坛、15个专题分论坛、展览展示、考察交流、项目洽谈签约仪式、会旗交接仪式与闭幕晚宴等多项活动。

本届华商大会共有来自105个国家和地区的3000余名中外代表参会，246名、71家境内外媒体注册参会。其覆盖国家、地区和代表人数创历届华商大会之最，谢国民、许荣茂、刘锦庭、蔡其生、蔡冠深、纪辉琦等知名侨商和100余个海外侨商组织的侨商代表莅会。

9月25日中央电视台新闻联播为大会开幕播出长达4分钟的头条新闻，新华社、中新社、人民日报、光明日报、四川日报、四川电视台、华西都市报、成都日报、成都电视台等所有重要媒体均刊出专题报道。如下为综合《新华社》、《四川日报》消息：

9月25日上午，全球最具规模和影响力的华人商界盛会——第十二届世界华商大会在成都隆重开幕。国家主席习近平向大会发来贺信。中共中央政治局常委、全国政协主席俞正声出席开幕式并发表演讲。开幕式前，俞正声会见了出席世界华商大会的嘉宾并合影留念。

全国政协副主席、全国工商联主席王钦敏出席开幕式。开幕式上，国务院侨务办公室主任裘援平宣读习近平的贺信。中共四川省委书记王东明、中国侨商投资企业协会会长谢国民、泰国中华总商会主席刘锦庭分别致辞。四川省委副书记、省长魏宏，省政协主席李崇禧，中国侨商投资企业协会名誉会长郭东坡出席开幕式。国务院侨务办公室副主任任启亮主持开幕式。中央国家机关有关部门领导谢杭生、张晓强、李金早、黄淑和、谭天星、李路、董松根，陕西、云南、贵州、山东省领导王莉霞、高树勋、李汉宇、王乃静、冯月菊，四川省和成都市领导李登菊、钟勉、黄新初、陈光志、张东升、彭渝、甘霖、杨兴平、葛红林、于伟、唐川平，泰国、中国香港、新加坡等地中华总商会负责人，部分中央企业、民营企业代表等出席开幕式。

9月26日晚，大会圆满落幕。全国政协副主席、全国工商联主席王钦敏出席闭幕式并讲话。国务院侨务办公室主任裘援平，省委常委、成都市委书记黄新初，新加坡中华总商会会长蔡其生，印度尼西亚中华总商会主席纪辉琦分别致辞。省委副书记、省长魏宏，省政协主席李崇禧，省委副书记柯尊平，中国侨商投资企业协会名誉会长郭东坡出席闭幕式。副省长甘霖主持闭幕式。

案例点评：

凡由政府承办的活动项目，在资源配置、执行力和传播效果上都会得到保证。但是要把一个高规格的大型活动办得圆满，却不是一件容易的事情，需要各个环节专业化运作给以支持方能实现。本案例提供的经验和启示至少有以下三个方面：

第一，活动的引入是一大亮点。大型活动具有很好的媒体聚焦作用和形象展示效果，并能促进承办城市建设的发展和给当地相关产业带来较大经济收益，尤其是国际性的大型活动，其公关价值日益被国人认识而成为有一定实力的城市竞争申办的项目。世界华商大会是全球最具规模和代表性的华人商界盛会，两年举办一次，在全世界华侨华人中具有重要影响力，2001年曾在南京举办过第6届，12年后成都把这一会议再次成功引入中国并在西部举办，意义重大。

第二，细致的调研和精心的策划。大型活动在机会上具有唯一性，即在特定的时间里送给承办者成功或失败的机会就一次，这样的压力决定了必须投入很大的力量去认真调研与科学策划，以保证活动的成功。世界华商大会人数众多，安保、交通、住宿、论坛、展览、洽谈、签约、晚宴、演出、考察等各个环节都需要逐一完善。整个活动达到了"成都特点、中国气派、国际表达"的预期效果。从会场通道分隔细节的考虑到会旗交接仪式高潮的设计，处处表现出很强的公关专业运作水准。

第三，主题角度的适时转换。从第1届到第11届世界华商大会的主题分别是："联系世界各地华商，加强商业发展"；"华商遍四海，五洲创繁荣"；"加强世界华商联系，共谋经济发展繁荣"；"华粹展北美，商网联全球"；"新千年的挑战"；"华商携手新世纪，和平发展共繁荣"；"寰宇华商一心一德，全球企业共存共荣"；"与华商共成长，与世界共繁荣"；"和合共赢，惠及世界"；"加强华商联系，促进世界繁荣"；"新格局、新华商、新动力"。除了第5届会议主题是"新千年的挑战"、第9届主题是"和合共赢，惠及世界"之外，其余9届大会的主题都集中表达祝福华商共荣的愿景。第12届世界华商大会的主题是"中国发展，华商机遇"，第一次把中国的发展与华商的发展联系起来，体现出发展起来的中国是华商坚强的后盾这一较新立意。

点评专家：杨晨

上海外国语大学公共关系学系副主任、副教授、博士